우지은의
스피치 시크릿 21

황금알을 낳는 '미운 아기 오리'를 찾습니다!

퍼플카우와 함께라면 저자의 꿈을 이룰 수 있습니다. 아직 원고가 없어도 좋습니다. 세상에 없던 멋진 아이디어가 있다면 2gobest@gmail.com으로 보내주십시오. 백조가 될 당신의 아이디어, 베스트셀러가 될 때까지 검은 머리 '퍼플'이 되도록 만들어보겠습니다.

Mission: Remarkab!e

우지은의

스피치

낭독으로 연습하는 말하기책

시크릿

21

W스피치커뮤니케이션 대표 **우지은** 지음

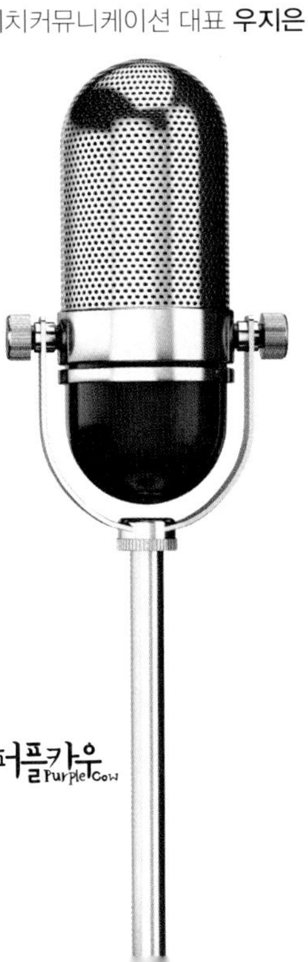

퍼플카우 PurpleCow

S P E E C H S E C R E T

소리 내어 읽어라. 스피치, 누구나 잘할 수 있다!

지난 15년간 아나운서와 스피치 강사로 마이크를 잡고 사람들 앞에서 '말' 하는 일을 해왔다. 현재 우리나라에서 가장 규모가 큰 스피치 교육 회사를 운영하고 있으며, 지금까지의 외부강연 횟수만 해도 어림잡아 1,000건에 가깝다. 꽤 인기 있는 강사로 러브콜을 받으며 여전히 전국을 즐겁게 누비고 있다.

자, 그렇다면 여기서 질문을 하나 던지겠다.

"나는 말을 잘하는 사람일까?"

결론부터 이야기하겠다. '나는 말을 잘해야 하는 상황에서 말을 잘할 수 있는 사람'이다. 즉, 지금 대중 앞에 보여지는 내 모습은 타고난 재능에서 비롯된 것이 아니라 훈련된 결과라는 뜻이다.

스피치 훈련을 받고자 하는 분들과 상담을 해보면, 말하기를 두려워하는 사람 중엔 내성적인 사람이 대다수다. 나 역시 무척 내성적인 성격을 타고난 편이다. 말하기를 즐겨 하는 타입도 아니다. 그런데 왜 이런 직업을 택했을까?

사실 학창시절만 해도 나는 발표에 대한 트라우마가 있었다. 이를 벗어나고 싶은 마음이 가장 컸고, '나도 긴장하지 않고, 말 좀 잘할 수 없을까?' 하는 바람이 20대 초반의 나를 아나운서의 길로 이끌었다. 남모를 눈물과 노력은 물론, 운이 따라준 덕분에 10년 이상 쉬지 않고 방송을 하다보니 세월이 쌓여가면서 말하는 방법도 자연스레 터득하게 되었다.

이 모습이 남들 눈에는 훌륭해보였을지 모르나, 타고난 말재간이 없던 나는 늘 '난 대체 왜 이 정도밖에 못할까?' 하며 능력 있는 선배들 사이에서 주눅 들 때도 많았다. 그때마다 남들보다 두세 배는 더 이를 악물고 노력했다. 생방송 전, 애드립마저도 빼곡하게 적혀 있는 내 대본을 보고, 노련한 선배가 놀리듯이 "얘, 너 무슨 서울대 가려고 그러니?"라고 할 정도였다.

그렇게 말 못하는 사람들의 고충(?)을 몸소 느껴온 나는, 내가 느끼고 익혀온 것들을 나누고 싶어서 10년 전 스피치 강사의 길로 접어들었다. 사실 말 잘하는 것도 타고나는 재능임이 분명하다. 어릴 때부터 노래 잘하는 사람, 그림 잘 그리는 사람, 운동 잘하는 사람이 따로 있는 것처럼 말이다. 하지만 천부적인 재능이 없어도 퍼블릭 스피치(많은 사람 앞에서의 발표, 연설 등)는 부단히 노력하고 연습하면 보통 사람들보다 훨씬 잘할 수 있다. 참고로 같은 유전자를 지닌 내 동생은 나와는 반대로 어릴 적부터 별명이 '청산유수'였다. 입만 열면 얼마나 막힘없이 말을 조잘조잘 잘하는지 어른들이 신기해하며 말을 시키곤 했다. 그런 동생이 정작 퍼블릭 스피치는 죽어도 못하겠다고 한다. 훈련해본

적이 없으니 당연한 일이다.

교육원에서 나는 다양한 연령과 직업을 가진 각계각층의 수많은 사람을 매일같이 만난다. 그들과 이야기를 나눠보면, 스피치에 대한 고민과 바람은 거의 비슷하다.

"너무 긴장돼서 무슨 말을 해야 할지 머릿속이 하얘져요."

"자꾸만 말이 길어지고 장황해지면서, 핵심을 전달하지 못해요."

"말을 못하는 건 아닌데요, 좀 더 논리적이고 설득력 있게 말하고 싶습니다."

전문 교육기관에서 강사의 코칭을 받으며, 일정기간 훈련을 하면 누구나 스피치 실력은 부쩍 늘게 되어 있다. 그런데 학원을 오갈 시간도, 경제적 여유도 없는 이들은 대체 어떻게 해야 할까?

가장 쉬운 방법은 역시 책을 사서 읽는 것이다. 시중에 출간되어 있는 스피치 관련 서적은 많다 못해 차고 넘쳐날 정도다. 하지만 교과서처럼 이론만 나열된 책은 지루해서 읽다 지치기 마련이고, 사례 위주의 책은 흥미롭긴 하나 책을 덮으면 정작 내게 남는 것은 없다.

나는 읽는 이의 가슴에 불을 지펴 크든 작든 인생에 긍정적 변화를 만드는 책이 정말 좋은 책이라고 생각한다. 그래서 고민하기 시작했다.

'독자에게 실질적인 도움을 줄 수 있는 스피치 책은 어떤 책일까?'

스피치 모범 샘플을 보여주면 이해하기 쉬울 것 같았다. 명문장이나 연설문을 낭독하면서 자연스럽게 방법을 익히면 더 좋을 것 같았다. 훈련과 동시에 즉각적인 변화를 느낄 수 있는 그런 책을 모두 원하고 있을 것이다. '이제껏 그런 책이 없었다면, 내가 한번 써보자!' 하는 마음으로 집필을 시작했다.

내성적인 사람들, 발표가 어렵다고 느끼는 사람들은 대부분 과거에 속상했던 기억을 가지고 있기 마련이다. 그러나 이제 과거는 잊자. 말을 못해서 부끄러웠던 경험도, 상처받았던 기억도 다 잊자. 이 책으로 당신은 새롭게 태어나는 것이다.

스피치는 더 이상 전문가들만의 영역이 아니다. 보고와 회의에서의 프레젠테이션, 모임에서의 자기소개, 회식이나 파티에서의 건배사, 심층 구술면접… 아무리 피하려고 해도 피할 수 없는 스피치의 순간들이 당신의 인생에 자꾸만 찾아온다.

평상시엔 말이 좀 없어도 괜찮다. 조용하고 신중한 사람으로 보일 것이다. 그런데 앞에 나가 스피치를 해야 하는 아주 중요한 순간에조차 입을 떼지 못한다면? 안타깝지만, 단번에 능력 없는 사람으로 보일 것이다. 그렇기에 우리 모두는 '말을 잘해야 하는 상황에서만큼은 말을 잘할 수 있는 사람'이 되어야 한다.

스피치는 결코 어렵지 않다. 그런데 왜 늘 떨리고 어렵게만 느껴지는 걸까? 정답은 간단하다.

"해보지 않았으니까!"

이 책에는 스피치의 핵심이론과 훈련방법이 자세히 담겨 있다. 우선 해보면 달라진다. 이 책과 함께 스피치를 시작해보자.

무엇보다 이론이 먼저다. 무엇이 좋은 스피치인지 정확한 기준을 알아야 스스로 평가를 내리며 혼자서도 연습할 수 있는 기초체력이 생기기 때문이다. 이 책은 가장 활용도 높은 21가지 스피치 시크릿과, 각각의 법칙을 실전에 바로 적용할 수 있도록 돕는 3가지 스킬을 제시한다. 설득력을 높이는 ECN 법칙, ERS 화법, DDP 표현법 등 외우기 쉬운 재미난 이름도 직접 붙여봤다. 또 이를 적용한 낭독문과 스피치 샘플을 보여주고, 독자가 직접 소리 내어 읽도록 구성했다.

여기부터 실전이다. 반드시 소리 내어 읽어야 한다. 여기에 나의 목소리와 스피치 비법이 다 들어 있다고 해도 과언이 아니다. 방송인으로 특별히 말재주도, 순발력도, 재치도 없던 내가 그나마 노력을 통해 인정받을 수 있었던 비결이 바로 '낭독'에 있다.

항상 머리맡에 원고를 두고 자고, 아침에 일어나자마자 큰 소리로 읽기를 반복했다. 그렇게 계속 소리 내어 읽다보니 점점 나만의 매력적인 목소리가 만들어졌다. 방송 전, 작가가 써준 대본을 수십 번 읽다 못해 통째로 외워버렸다. 그렇게 소리 내어 읽고 외우면서 자연스럽게 몸으로 익힌 표현과 스피치 기법들은 내 인생에 정말 큰 도움이 되었다. 다시 한 번 강조하지만 '낭독'은 좋은 문장과 표현을 익히기 위한 최고의 훈련방법이다.

다양한 문장을 낭독하도록 구성했으나 아무 글이나 무작위로 싣지는 않았다. 하나의 스피치 이론을 쉽고도 자연스럽게 받아들이는 데 도움이 될 만한 글을 실으려고 철저히 노력했다. 게다가 좋은 글은 소리 내어 읽으면 가슴을 잔잔히 울리고, 정신을 맑게 해준다. 자신의 마음 밭에 긍정의 씨앗을 뿌릴 수 있는 글, 삶에 깨달음을 주고 세상에 따스한 시선을 던지는 의미 있는 글들을 선별했다. 다른 이들과 나누고픈 멋진 글들이다. 더불어 샘플로 제시하는 하나의 완결된 스피치 원고는 실전 스피치의 감을 확실히 터득하도록 도와줄 것이다.

매 챕터의 말미에는 스스로 훈련할 수 있는 과제가 주어진다. 이는 실제로 교육원에서 훈련하는 내용들이며, 이 부분을 집중적으로 연습하면 스피치 실력은 크게 향상된다. 이때 녹음이나 녹화를 하면 금상첨화다. 책의 후반부엔 실제 나의 강의 원고가 실려 있어 해당 영상을 볼 수 있으니 이것 또한 참고가 될 것이다.

이 책의 전체 구성은 스피치의 '기초-기본-발전-완성'으로 크게 4단계로 되어 있다. 먼저 3일 동안 스피치의 기초를 다지는 목소리 훈련을 한 후, 7일에 걸쳐 스피치 기획과 구성 등의 기본적인 내용을 익힌다. 그리고 더 발전된 스피치를 위해 7일 동안 표현법을 집중 연습한 후, 마지막 완성 단계에 접어들어 온몸으로 말하는 스피치 감정 훈련을 4일간 실시한다.

하루 한 챕터씩 완성한다는 목표로 하루 30분씩, 딱 3주만 훈련해보자. 작심삼일을 7번만 하면 어느덧 21일 후에 당신은 스피치의 탄탄한 기본기를 확립하고, 뜨거운 자신감이 솟아오름을 느낄 것이다. 결코 어렵지 않다. 오히려 재미있는 시간이 될 것이라 확신한다. 걱정은 붙들어 매고 즐거운 마음으로 길을 나서길 바란다.

21일 동안 원하는 행동을 계속하면 습관이 된다.

_맥스웰 말츠

말이 변하면, 인생이 변한다.
당신은 변화된 멋진 인생을 맞을 준비가 되었는가?

차례

• 프롤로그 _ 소리 내어 읽어라. 스피치, 누구나 잘할 수 있다! • 5
• 책 사용 설명서 _ 머리로 이해하고, 입으로 따라 하고, 몸으로 익혀라! • 14

/
스피치 기초 단계

Secret 1 이상적인 퍼블릭 보이스를 만들라 • 20
Secret 2 스피치 전달력을 높여라 • 33
Secret 3 리드미컬한 스피치로 승부하라 • 45

/
스피치 기본 단계

Secret 4 목표가 확실한 스피치를 하라 • 60
Secret 5 논리적인 스피치로 구성하라 • 73
Secret 6 오프닝으로 이기고 시작하라 • 89
Secret 7 스토리텔링의 힘을 믿어라 • 101
Secret 8 이그잼플(E), 사이트(C), 넘버(N)를 기억하라 • 116
Secret 9 마법의 숫자 3을 세련되게 활용하라 • 128
Secret 10 클로징은 가슴을 향해 던져라 • 142

/
스피치 발전 단계

Secret 11 어려운 것일수록 쉬운 말로 하라 • 160
Secret 12 다양한 방법으로 핵심을 반복하라 • 172
Secret 13 모든 것은 공감을 위해 준비하라 • 185

Secret 14 들려주기보다 보여주려 노력하라 • 198
Secret 15 색다르게, 다양하게, 화끈하게! • 210
Secret 16 때로는 시인이 되어 말하라 • 223
Secret 17 몸도 스피치도 다이어트 하라 • 235

스피치 완성 단계

Secret 18 스피치에도 안무가 필요하다 • 250
Secret 19 뮤지컬 주인공처럼 연기하라 • 266
Secret 20 청중과 커뮤니케이션 하라 • 276
Secret 21 연습이 완벽을 만든다 • 288

부록

명언을 활용한 Speech Self Training • 306
Speech Self Training 완성하기 • 318
동영상 강의 원고 (바디랭귀지) • 329

• 에필로그 _ 변화는 이미 시작되었다 • 335

SECRET 0

책 사용 설명서

머리로 이해하고,
입으로 따라 하고,
몸으로 익혀라!

3단계 학습법

이 책은 눈으로만 읽는 책이 아니다. 3가지 스킬을 통해 스피치의 중요한 원칙을 이해하고, 이를 잘 담고 있는 좋은 글과 하나의 완성된 스피치 예문을 입을 열어 낭독해야 한다. 그런 뒤에는 나만의 스피치를 직접 작성해 온몸으로 트레이닝 하는 것이다. 이렇게 이해하고, 낭독하고, 직접 훈련하며 자연스럽게

스피치 중요 원칙을 체화하도록 구성했다. 책의 마지막 장을 덮는 순간, 21가지 스피치 시크릿은 모두 당신 것이다!

매일 한 챕터씩

21가지 스피치 시크릿을 21일 동안 하루에 하나씩 익힌다. 매일 하나의 챕터를 완벽하게 마스터 한다는 생각으로 임하면서 실전 트레이닝을 반드시 실시하자. 그리고 책 중간 중간 제시되어 있는 스피치 주제로 자유롭게 틈틈이 훈련해보자.

MP3 및 동영상 파일 활용

'오늘의 낭독'을 녹음한 MP3 파일을 들으면서 훈련하면 효과가 배가된다. 귀로 들은 것을 입으로 따라 하다보면 더욱 빠르게 좋은 표현과 내용을 습득할 수 있다. 자신의 스피치를 녹음해서 전문가의 낭독과 비교해보며, 전문가의 음성과 억양, 속도 등을 따라 읽는다면 자연스럽게 멋진 목소리까지 얻을 수 있을 것이다. 또한, 부록에 바디랭귀지에 관한 동영상 강의와 원고도 준비되어 있으니 꼭 참고하길 바란다. 모든 파일은 W스피치커뮤니케이션 공식 카페(https://cafe.naver.com/wspeech2010)에서 확인할 수 있다.

PART 01

스피치
기초 단계

스피치 기초 단계에 들어가며

스피치 훈련의 첫 단계로 힘차게 한 걸음 내딛은 당신, 두 팔 벌려 환영한다!

스피치 기초 단계 3일 동안 우리는 목소리 훈련, 즉 '보이스 트레이닝'에 집중할 것이다. 그중에서도 '호흡과 발성법'을 가장 먼저 배우고, 발음·속도·억양으로 전달력을 높이는 방법, 이어 강조법을 활용해 말에 생동감을 싣는 훈련을 할 것이다.

동일한 원고를 교육생들에게 나눠주고 실전 발표를 진행할 때가 종종 있다. 시각적인 요소를 배제하고자 눈을 감고 들어보면, 신기하게 같은 내용임에도 전혀 다르게 들린다. 목소리의 크기, 깊이, 울림, 톤, 발음, 억양, 감정이입의 정도에 따라 말하는 사람의 이미지와 호감도를 비롯해 말의 전달력, 신뢰도, 설득력 등 모든 것이 다르게 다가오는 것이다.

특히 목소리는 초반에 청중의 집중도를 높이고 스피치에 대한 기대감을 갖게 하는 데 큰 영향을 미친다. 일단 목소리에서 세련되고 전문적인 느낌이 풍기면 '어, 뭔가 좀 다른데? 기대가 되는군. 어디 한번 들어볼까?' 하면서 내용에 대한 기대감이 생긴다. 반면, 작고 어눌하고 단조로운 목소리로 시작하는 스피치라면 어떨까? 발표자에 대한 호감과 신뢰가 떨어지면서 내용에도 흥미가 생기지 않을 것이다.

보이스 트레이닝을 하면 자신의 목소리를 컨트롤할 수 있게 되는데, 이것은 기대 이상의 큰 장점을 지닌다. 발표할 때 너무 긴장한 나머지 목소리가 가늘고 높아지면서 떨리는 증상을 호소하는 사람들이 꽤 있다. 이 증상은 복식호흡과 공명발성법을 터득하면 어렵지 않게 개선된다. 보이스 트레이닝을 통해 상황에 따라 목소리의 크기나 톤, 말의 속도, 어투 등도 자유자재로 변화시킬 수 있다. 내 몸을 악기 삼아 음악을 연주하듯이, 목소리 하나로 다양한 분위기를 연출할 수 있다면 정말 배워볼 만하지 않은가.

'말'의 매개체가 되는 것은 바로 '목소리'다. 같은 선물도 고급 포장지에 싼 것과 구겨진 신문지에 싼 것은 그 값과 가치가 달리 매겨지는 법이다. 반들반들 윤이 나는 비단 보자기 같은 목소리를 만들어보자. 그리고 그 안에 아주 맛있는 음식들을 보기 좋게 담아내는 거다. 이어 정성스러운 마음까지 실어 미소 가득한 얼굴로 전해보자. 사람들은 분명 당신의 말에 귀를 기울일 것이다.

자, 모두 마음의 준비를 마쳤는가? 즐거운 훈련은 지금부터 시작이다!

SECRET 1
발성법 트레이닝

이상적인 퍼블릭 보이스를 만들라

첫 만남에서 상대에게 신뢰감과 호감을 전하고 싶은가?

어떤 자리에서도 주목받는 빛나는 목소리를 만들고 싶은가?

이 책을 만났으니 더 이상 꿈 같은 이야기가 아니다. 누구나 목소리 훈련을 통해 매력남, 매력녀로 거듭날 수 있다.

좋은 목소리를 만들기 위해서는 '호흡+발성+발음' 3가지를 차근차근 훈련해야 한다.

이 중 호흡은 무엇보다 중요한 요소로, 스피치를 할 때 소리의 크기와 깊이, 울림, 음색, 말의 속도 등 많은 부분을 좌우한다. 가슴이 콩닥콩닥 뛰며 긴장이 최고조에 달했을 때 이를 완화하고 집중력을 발휘하게 하는 최고의 방법 역시 '호흡'이기에 반드시 제대로 익혀야만 한다. 이번 챕터에서는 복식호흡과 기초 발성법에 이어 풍성한 소리를 만드는 가장 핵심적인 비법, 공명발성법까지 집중적으로 다뤄보겠다.

보이스 트레이닝의 궁극적인 목적은 평상시 의식하지 않아도 언제나 멋진 목소리를 자연스럽게 내는 것이다. 주변인들도 목소리의 변화를 알아채는 이 정도 경지에 다다르기 위해서는 최소 2~4개월의 훈련이 필요하다. 그러나 당장 그 정도의 시간이 없다면, 단기적으로는 퍼블릭 스피치 상황에서 매력적인 퍼블릭 보이스를 내는 것을 목표로 하면 어떨까?

15년 동안 잘 단련된 나 역시 평상시의 목소리와 강연할 때의 목소리가 완전히 같지는 않다. 퍼블릭 보이스는 훨씬 공을 들여서 근사한 목소리를 만들고자 최선을 다할 때 비로소 만날 수 있기 때문이다. 이제부터 제시되는 연습 방법에 따라 직접 호흡하고 소리 내면서 이상적인 퍼블릭 보이스에 도전해보자.

Skill 1
배로 깊이 호흡하라

우리가 평상시에 익숙하게 하는 호흡은 '흉식호흡'이고, 지금부터 익혀볼 호흡은 '복식호흡'이다. 이 둘에는 어떤 차이가 있을까?

쉽게 설명하면 흉식호흡은 가슴을 부풀려서 숨을 들이마시고 내쉬는 얕은 호흡을 가리킨다. 숨을 마셨을 때 어깨는 올라가고 가슴은 부풀어 오르며 배는 쏙 들어간다. 반대로 내쉬면 가슴과 어깨는 내려오고 배는 툭 나오게 된다. 흉식호흡을 크게 4번만 반복해보라. 살짝 어지러움을 느낄 정도로 숨이 가쁘고 힘든 것이 느껴질 것이다. 그만큼 폐활량이 적고 에너지 소모가 많은 호흡법이다. 특히 가슴에서 얕게 쉬는 호흡이기에 깊이 있는 소리가 아닌, 들뜨고 약한 소리가 만들어진다. 호흡 조절이 잘 안 되어 말이 빨라지기도 쉽다.

반대로 복식호흡은 공기를 폐 아래쪽으로 보내며 깊게 쉬는 심호흡이다. 공기를 최대한 폐 깊숙한 곳까지 밀어 넣는다는 느낌으로 숨을 들이마시면 가슴과 배를 가르는 횡격막이 아래로 내려가면서 장기가 눌리게 된다. 자연스럽게 배가 앞으로 나온다.

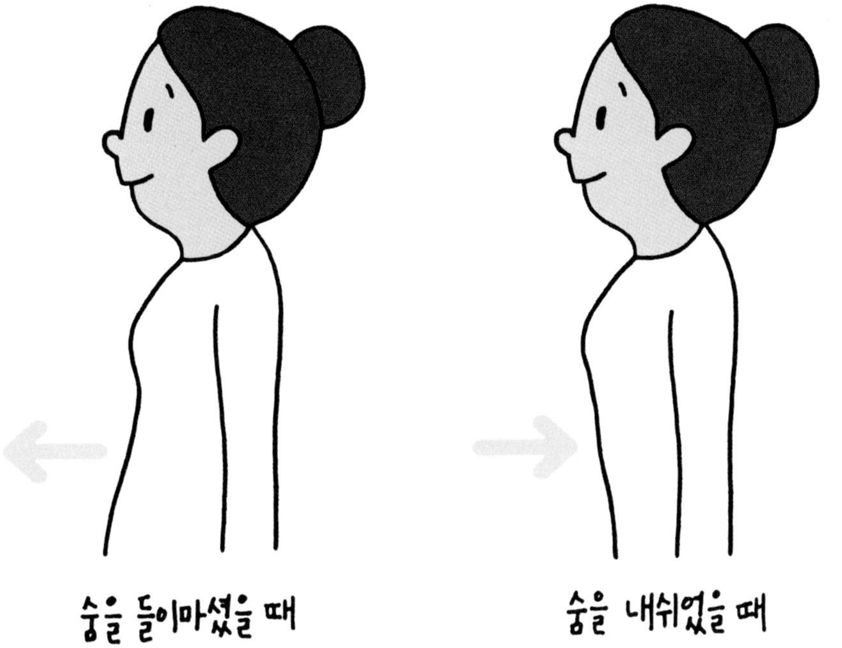

이해하기 쉽게 고무풍선을 상상해보자. 고무풍선에 공기가 들어가면 빵빵하게 부풀어 오르는 것처럼 숨을 들이마시면 배에 공기가 가득 차면서 볼록 나온다. 그리고 숨을 내쉬면 풍선에 바람이 빠지듯 공기가 나가면서 배는 홀쭉해진다. 실제로는 배가 아닌 폐에 공기가 차는 것이지만, 겉으로 봤을 때는 배만 움직이기 때문에 배에 공기가 들어간다는 이미지를 상상하면 훨씬 몸으로 익히기가 쉽다.

복식호흡은 흉식호흡에 비해 더 많은 양의 공기를 폐 깊숙한 곳까지 한 번에 채울 수 있다. 많은 양의 공기가 발성기관을 통과할 때 훨씬 풍성하고 울림 있는 소리를 만든다. 또한 복식호흡은 어깨가 들썩이지 않아 에너지 소모가 적고, 배로 공기의 압력을 조절해 소리를 내기 때문에 목 주변에 힘이 들어가지 않아 편안한 소리가 만들어진다.

이때 배에 힘을 주는 위치에 따라서도 소리가 달라진다. 명치 부근의 윗배보다는 단전이라 불리는 배꼽에서 5~7cm 아래 지점인 아랫배에 집중해야 훨씬 안정되고 탄탄한 소리가 만들어진다.

Skill 2
목의 아치를 열어 발성하라

좋은 소리를 방해하는 가장 나쁜 습관은 바로 입을 크게 벌리지 않고 말하는 것이다. 입을 작게 벌리다 보면 목 안쪽도 닫힌 상태가 되고, 공명할 수 있

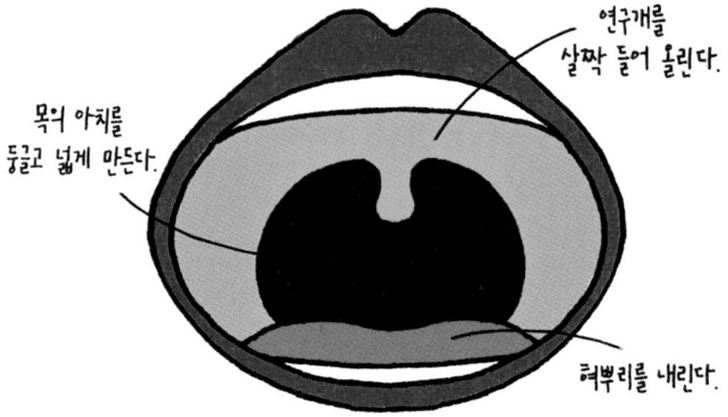

발성을 위한 좋은 입모양

는 입안 공간도 좁아진다. 당연히 소리가 입 밖으로 잘 나가지도 않는다. 이 상태에서는 안으로 들어가는 작고 답답한 소리, 웅얼거리는 소리, 납작한 소리가 만들어진다. 커다란 공간 안에서 공기가 풍성하게 울리고, 공명된 소리가 입 밖으로 시원하게 뻗어나갈 수 있도록 목 안쪽부터 활짝 열어주어야 한다.

거울을 보면서 입을 "아~~!" 하고 크게 벌려보자. 입안을 들여다보면 목구멍 중간에 목젖이 보인다. 목젖 주변으로 둥글게 내려오는 부분은 아치처럼 생겼으니 '목의 아치'라고 부르겠다. 이 상태에서 하품을 해보자. 목의 아치가 넓게 열리면서 목 안쪽이 크고 둥글게 확장되고, 연구개(입천장 뒤쪽의 부드러운 근육)는 위로 살짝 올라간다. 즉, 공명할 수 있는 입안 공간이 더욱 넓어지는 것이다.

이제 복식호흡과 아치 개방을 기억하면서 본격적인 발성훈련을 해보자.

우선 소리는 내지 말고 '하아~~~' 하고 숨을 내뱉어보자. 하품하듯이 공기가 배에서 쑥 빠져나가는 것이 느껴지는가? '하아~~~ 하아~~~ 하아~~~' 3번 반복한 후, 이번엔 공기에 소리를 실어보자. '공기 반 소리 반'을 만든다는 느낌으로 발성을 해보는 거다. 아랫배로부터 쑥 올라온 공기가 성대를 통과한 후, 입안에서 둥글게 공명해 앞으로 시원하게 뻗어나가야 한다. 저 멀리 가상의 점을 하나 찍고, 그 점으로 소리를 쭉 내보낸다는 상상을 하면서 이번엔 더 길게 발성해보자.

"하아~~~~~~~~~"
(5초간 발성, 5번 반복)
"하아~~~~~~~~~~~~~~~~~~~~~~~~~~~~"
(10초간 발성, 5번 반복)

공기가 일정하게 나가지 않으면 소리가 흔들리고 성량에도 변화가 생긴다. 배의 감각에 집중하면서 일정한 양의 공기를 조금씩 내보내자. 일관된 크기의 소리가 안정적으로 나올 수 있도록 말이다.

Skill 3

마스크 주변에 울림을 만들어라

연기자 혹은 주변인들 중에서 목소리가 좋은 사람을 떠올려보라. 그들 목소리에는 대부분 2가지 공통점이 있다. 첫째, 목소리 톤이 안정적인 중저음이고 둘째, 목소리에 풍성한 울림이 실려 있다. 낮고 부드러운 울림이 실린 목소리는 상대에게 편안한 신뢰감을 전한다. 누구나 훈련을 하면 낮고 안정적인 톤을 만들 수 있고, 울림이 실린 매력적인 목소리의 소유자가 된다. 정말 마법과도 같이 목소리가 멋지게 변한다. 방법은 의외로 너무나 간단하다.

커다란 사탕 하나를 입에 넣는다고 상상하면서 입을 "아~" 벌렸다가 "엄~" 하고 닫아보자. 입술은 가볍게 다문 채 위아래 어금니는 뗀 상태가 되고, 입안에는 동그란 공간이 생겼을 것이다. 공기를 입안에 둥글게 머금은 상태에서 복식호흡을 하면서 공기를 얼굴 안면 쪽으로 모아 "음~~~~" 허밍을 해보자. 목 안쪽에서 공기가 울리는 것이 아니라 코와 입 주변(마스크 주변)에서 부드럽게 울려야 한다.

가볍게 코와 뺨 주위에 손바닥을 대고서 "음~~~" 허밍을 반복해보자. 마스크 주변의 풍성한 울림을 손끝으로 느껴보자. 이때 낮은 톤부터 높은 톤까지 다양한 톤으로 허밍을 반복해보면, 내 목이 가장 편안해하고 울림이 많이 실리는 적절한 톤을 발견할 수 있다. 이 톤이 자신의 발성구조에서 나올 수 있는 최적의 목소리 톤이다.

마스크 전체의 울림을 충분히 느꼈다면 이번엔 공기를 인중 쪽으로 모으는 훈련을 해보겠다. 공기가 윗입술과 앞니(인중 부근)에 모아진다고 상상하면서 이 부분의 떨림에 집중해보자. 공중에서 확 퍼져버리는 소리가 아니라 심지가 있는 것처럼 또렷하게 모이면서 맑게 울리는 소리는 바로 이 지점(인중 부근)에서 만들어진다.

이제, 인중 부근에 집중된 공기가 입 밖으로 시원하게 뻗어나갈 차례다. 부드러우면서도 멀리까지 잘 전달되는 소리를 위해서는 발성을 할 때 포물선을 상상하면 도움이 된다. 그림처럼 인중에서 튀어나온 소리가 둥글고 완만한 포물선을 그리며 멀리 나아가는 것을 상상해보라. "음~~" 허밍을 하다가 입을 벌려서 "마~~~~" 하고 소리를 내보자. 목소리의 안정된 톤과 울림이 "음~~마~~~~~" 발성으로 그대로 이어지는 것이 핵심이다. 특히 "마~~"를 발음할 때 입술에서 공기가 탕! 하고 탄력 있게 튕겨나가는 느낌이 중요하다.

포물선을 그리면서 소리가 뻗어나간다고 상상하기

여기까지 훈련을 마친 당신, 어떤가? 목소리가 달라지면서 신세계가 열리는 느낌이 들지 않는가? 이것이 복식호흡과 공명법을 이용한 보이스 트레이닝의 마법이다. 더 자세한 이론과 훈련법이 궁금한 독자는 나의 전작인《목소리, 누구나 바꿀 수 있다!》,《30일 완성 목소리트레이닝》,《여자는 목소리로 90% 바뀐다》를 참고하기 바란다.

앞으로 나오게 되는 모든 낭독문은 '목소리와 스피치'라는 두 마리 토끼를 한 번에 잡기 위해 반드시 복식호흡과 공명발성법을 적용해 소리 내어 연습하길 바란다. 시크릿 1과 2의 간단한 발성훈련으로 매일 10분씩 워밍업을 한 후 그날의 진도를 나가는 것도 매우 좋은 방법이다. 읽으면서 저절로 목소리가 좋아지고, 스피치 스킬이 자동으로 몸에 붙게 될 것이다. 21일이 모두 지나고 마지막 장을 넘기게 되는 날, 여러분이 이 책을 만난 것을 행운이라 여기길 바랄 뿐이다.

※W스피치커뮤니케이션 홈페이지(www.wspeech.co.kr)에서 '오늘의 낭독' 원고 녹음파일과 '오늘의 트레이닝' 모범예문을 확인하실 수 있습니다. 반드시 듣고, 읽으며 훈련하시길 권합니다.

오늘의 낭독

다음 글을 호흡과 발성에 주의하며 천천히 읽어봅시다.

당신이 공적인 자리에서 스피치를 해야 하는 경우,
예를 들어 회사 내에서 회의나 보고, 프레젠테이션을 할 때
아나운서 목소리를 내게 되면
말의 전달력과 설득력은 상당히 높아진다.
사람들 사이에 묻히는 소리가 아니라,
그저 소리 하나로도 전문적인 느낌을 확실하게 어필할 수 있는
튀지 않으면서도 튀는 목소리로 인식될 수 있다.
이는 업무상 누군가와 대화를 나눌 때도
성숙하고 지적이며 전문적인 느낌을 주기 때문에
외모가 다소 앳돼 보이더라도 전혀 문제가 되지 않는다.
누구도 당신을 무시할 수 없는 아우라 같은 것이
자연스럽게 목소리 하나로도 만들어진다.

_우지은 | 위즈덤하우스 | 《여자는 목소리로 90% 바뀐다》에서

스피치 예문

긍정의 힘은 강하다

여러분, 호박벌이라는 곤충을 아십니까? 몸뚱이가 호박색이라서 호박벌이라고 부르는데요. 이 호박벌은 몸뚱이는 엄청 큰데 날개가 아주 작아 날 수 없는 곤충입니다. 그런데 신기하게도 호박벌은 비행을 합니다. 구조적으로 날 수 없는데 어떻게 비행이 가능한 것일까요?

바로 여기에 긍정의 힘이 가진 비밀이 숨겨져 있습니다. 호박벌은 자신이 날 수 없다는 사실을 몰랐습니다. 다른 벌들의 날갯짓을 보며 자신도 당연히 날 수 있을 것이라고 믿은 것입니다. 날고자 하는 생각 하나만을 가지고, 작은 날개로 날갯짓을 수도 없이 했을 뿐이지요. 호박벌의 비행을 향한 긍정의 날갯짓이 모여 기적을 만든 것입니다.

우리도 가끔은 이렇게 미련하게, 무턱대고 도전할 필요가 있습니다. “안 돼. 할 수 없어”라는 부정적인 말은 저 멀리 날려 보내세요. 부정적인 생각과 염려는 부정적인 결과를 만들어낼 뿐입니다. 아무리 불가능한 상황과 환경에 처해 있더라도 할 수 있다는 강한 자신감이 기적을 만들 수 있습니다. 여러분의 꾸준한 날갯짓을 멈추지 마시길 바랍니다.

오늘의 트레이닝

● 다음 순서로 복식호흡을 해봅시다.

① 눈을 감은 상태에서 호흡이 자연스럽게 들어오고 나가는 미세한 감각을 느껴본다.

② 4초간 코로 숨을 서서히 들이마시고, 8초간 코와 입을 열어 서서히 내쉰다. (5회 반복)

③ 4초간 들이마시고, 4초간 호흡을 멈추고, 4초간 내쉰다. (5회 반복, 특히 숨을 멈추었을 때, 아랫배의 긴장감을 집중해서 느껴보자. 당신이 말을 할 때 바로 이 가벼운 긴장감을 계속해서 느껴야 한다.)

④ 2초간 들이마시고, 4초간 내쉰다. (10회 반복)

⑤ 빠르게 들이마시고 내쉰다. (10회 반복)

● 아치를 둥글게 열고 단어와 짧은 문장을 읽으며 발성연습을 해봅시다.

아리랑 아버지 아주머니 알토란 어울림 어머니

하모니카 할머니 할아버지 허수아비 헐레벌떡 허드렛일

어여쁜 아가씨　　행복한 부부　　어울리는 한 쌍

바다의 넘실대는 파도　　재미있는 사람들의 이야기

아지랑이가 아름답게 피어오른다.

아주머니가 하루 종일 빨래를 한다.

사랑하는 사람과 함께 여행을 간다.

창문 너머로 함박눈이 펑펑 내린다.

하얀 종이에 커다란 동그라미를 그린다.

함박웃음 지으며 맑고 파란 하늘을 바라본다.

- 마스크 공명을 느끼며 "음~~마~~" "함~~마~~" 발성 연습을 해봅시다.

음~~~마~~~~　　음~~~마~~미~~모~~

음~~~마~~메~~미~~모~~무~~~

함~~~마~~~~~　　함~~~마~~미~~모~~

함~~~마~~메~~미~~모~~무~~~

SECRET 2
발음/억양/속도 트레이닝

스피치 전달력을 높여라

음악을 듣는데 노래 가사가 정확하게 들리지 않을 때, 드라마나 뮤지컬 배우의 대사를 잘 알아들을 수 없을 때 우리는 그 음악과 무대에 충분히 빠져들 수 없다. 가수나 배우들에게 전달력은 기본 중의 기본이다. 그런데 혹시 '나는 가수도 배우도 아닌데 전달력이 뭐 그렇게 중요해? 대충 말하고 알아들으면 되지'라는 생각을 지닌 독자는 없는가?

요즘 같은 자기PR시대에 스피치는 더 이상 직업적인 이유로 특별한 사람들만 배우는 것이 아니다. 우리 교육원 보이스 트레이닝 과정의 수강생 97%는 일반 직장인과 학생들로 이루어져 있다. 그만큼 일상생활과 업무에서 누구나 목소리의 힘을 느끼고 있다는 얘기다. 사람은 평생 타인과 커뮤니케이션을 하면서 살아가기에 스피치 교육은 누구에게나 필요하고, 언제 어디서든 가장 쓸모 있는 것임을 강조하고 싶다.

그러한 스피치 커뮤니케이션의 첫 번째 역할은 다름 아닌 '의사전달'이다. 정확한 전달이 이루어지지 않은 상태에서 상대방이 내 말을 이해하고 공감하기는 쉽지 않은 일이다. 무슨 말을 하는지 일단 들리기는 해야 할 것 아닌가. 그런데 내 말의 전달력이 괜찮은지, 아니면 당장 훈련이 필요할 정도로 형편없는지 스스로 파악하지 못하는 경우도 많다. 만약 대화 중에 상대방이 "네? 뭐라고요? 다시 한 번 말씀해주시겠어요?"라는 이야기를 종종 한다면 당신의 발음이나 말의 속도에 문제가 있다는 것임을 인식하라.

효과적인 스피치는 청중이 편하게 귀만 열어두어도 내용이 쏙쏙 들어가는 스피치다. 명확한 발음과 부드러운 억양으로 청중의 이해를 고려해 여유 있는 속도로 말해야 한다. 이것은 청중을 위한 배려이자 발표자의 의무다. 이번 챕터에서는 전달력을 향상하기 위한 3가지 요소, 정확한 발음, 둥근 억양, 속도 조절 훈련을 해보겠다. 이 3가지만 잘 갖춰도 전달력뿐만 아니라 신뢰감 주는 이미지를 덤으로 얻게 되니 반드시 반복해서 연습하기 바란다.

Skill 1

정확한 발음으로 말하라

몇 년 전 한 신인배우가 발음 교정을 위해 교육원을 방문했다. 어렵게 출연 기회를 얻은 CF에서 부정확한 발음 때문에 대사가 없어졌다는 것이다. 자신을 어필할 수 있는 기회를 놓쳐버린 그녀는 다시는 똑같은 일을 겪지 않기 위해 부단히 목소리 훈련을 해나갔다. 그 결과, 이제는 각종 영화와 드라마에서 주조연급 배우로 훌쩍 성장해 활약하고 있다. 얼마 전 인기 드라마에 출연하기에 반가운 마음에 유심히 봤는데, 더 이상 예전의 혀 짧은 발음은 들을 수 없었다.

짧은 시간 안에 강력하게 메시지를 전해야 하는 스피치 역시 CF만큼이나 전달력이 중요하다. 특히 발음은 메시지의 내용 전달뿐만 아니라 발표자의 신뢰도에 큰 영향을 미친다. 웅얼거리며 발음하는 발표자에게 우리는 전문성과 신뢰를 느끼기 어렵다. 또한 잘못 발음한 단어 하나로 오해를 사거나 우스운 사례로 거론된 정치인, 유명인의 경우만 봐도 사소하게 보이는 발음이 얼마나 중요한지 알 수 있다. 내용의 정확한 전달부터 발표자로서의 신뢰 구축을 위해 평소에도 정확하게 발음하는 습관을 들이는 것이 중요하다.

정확한 발음을 위해서는 우선 혀, 입술, 턱, 얼굴 근육 등 조음기관을 부지런히 움직이는 것이 중요하다. 많은 사람이 평소 말할 때 입을 잘 움직이지 않고, 최소한의 힘을 들이는 경제적인 발음을 한다. 사실 일대일 대화에서는 그렇게 해도 발음이 의미 전달에 큰 지장은 없다. 하지만 퍼블릭 스피치에서 입을 움직이지 않고 편하게 발음하면 곤란하다. 누구나 알아들을 수 있도록 크고 또렷한 발음으로 말해야 한다. 평상시보다 더 많은 에너지를 발음에 쏟아 부을 각오가 필요하다.

Skill 2
둥근 억양으로 말하라

"저도 아나운서처럼 지적이고 세련되게 말하고 싶어요."

보이스 트레이닝 수업을 받는 많은 이들의 목표는 바로 '아나운서처럼 말하기'다. 직장에서 프레젠테이션을 하거나 모임에서 인사말을 할 때 믿음이 가는 지적인 목소리, 사람들을 주목시키는 세련된 목소리는 매우 중요하다.

아나운서 목소리의 중요한 특징 중 하나는 바로 '둥근 억양'이다. 끝을 부드럽게 내리는 아나운서 고유의 성숙한 어투는 둥근 억양법 훈련으로 만들어진다. 억양에 지적인 느낌이 묻어난다면, 당신의 스피치는 더 가치 있게 전달된다.

평상시에는 자연스럽게 말하는 사람이라도 스피치를 할 때는 긴장을 해서인지 어색하게 말하는 경우가 있다.

"저는 / 지난 / 25년 간 / 강원도 / 춘천에서 / 살았습니다."

단어 단위로 잘게 쪼개어 말하면 의미가 뚝뚝 끊기면서 당연히 전달력이 크게 떨어지고 스피치의 전체적인 흐름도 매끄럽지 않다. 끊어 말하기의 단위는 반드시 의미 덩어리, 즉 '의미 단위'여야 한다. 내가 하고자 하는 말의 의미를 생각하면서 이를 가장 잘 전할 수 있는 단위로 나누어보자. 그리고 하나의 의미 덩어리는 반드시 한 호흡으로 말하는 원칙을 지켜보자.

"저는 / 지난 25년 간 / 강원도 춘천에서 살았습니다."

숨을 들이마신 후, 공기와 함께 소리를 포물선 모양으로 입 밖으로 내뱉는다. 이때 위로 솟구친 소리는 하나의 의미 덩어리 안에서 부드러운 곡선을 그리며 둥글게 아래로 떨어진다. 이 과정을 반복하면 둥글고 세련된 억양이 만들어진다. 동그란 의미 다발이 부드럽게 계속 이어지는 느낌으로 말하는 것이다. 프로의 스피치는 이렇게 의미 단위로 끊어지면서 전체가 물 흐르듯 부드럽게 연결된다.

내가 아나운서 지망생들에게 뉴스를 가르칠 때 집중적으로 훈련시키는 것이 바로 이 둥근 억양법이다. 뿐만 아니라 스피치를 배우러 오는 젊은 여성의 경우 말끝을 끌거나 귀엽게 꼬아 올리는 버릇을 가진 경우가 상당히 많은데, 이 억양법을 연습하면 어미 처리의 좋지 않은 습관도 자연스럽게 고칠 수 있다. 사투리 특유의 억양을 표준 억양으로 바꾸기 위한 방법으로도 둥근 억양법을 적극 추천한다. 전문적이고 세련된 말하기를 하고 싶다면 반드시 이를 기억하고 집중적으로 훈련해보자.

Skill 3

속도를 조절하라

중요한 발표를 하기 위해 앞에 섰는데, 너무 긴장한 나머지 준비한 말도 다 못하고 후다닥 들어온 적이 있는가? 내 입에 모터가 달린 것도 아닌데 말이 점점 빨라져서 적잖이 당황했던 경험, 누구나 있을 것이다.

"사람들 앞에만 서면 자꾸만 말이 빨라져요."
"천천히 말해야겠다고 다짐하지만 스스로 제어가 안 돼요."

많은 이들의 고민이다.

발표할 때 유독 말이 빨라진다면 첫 번째 이유는 호흡을 제대로 하지 않아서다. 얕은 호흡을 하면서 입안에 머금은 공기에 의존해 말을 하기 때문에 당연히 말의 속도가 빨라지는 것이다. 다시 한 번 이야기하지만, 퍼블릭 스피치를 할 때는 복식호흡이 무엇보다 중요하다. 복식호흡으로 숨을 깊게 들이마시고 내쉬면서 말하라. 나의 호흡을 느껴가면서 말을 하면 속도는 자연스레 늦춰진다.

두 번째 이유는 말을 적절히 끊지 않고 포즈 없이 따다다다 몰아치듯 말하기 때문이다. 앞서 둥근 억양법에서 말을 의미 단위로 나눠 둥글게 소리 내는 법을 배웠다. 의미 단위로 나누는 것은 속도 조절을 위해서도 필수적이다. 중요한 인사말이나 축사, 발표 등 원고가 있는 경우에는 반드시 끊어 읽기 표시를 해두자. 원고 없이 스피치를 할 때에도 문장의 길이는 되도록 짧게 하고, 문장과 문장 사이에는 포즈를 두어 여유 있게 말하자. 말이 물 흐르듯 부드럽게 연결되는 것이 프로의 스피치라면, 숨 쉴 틈도 없이 말을 내뱉어버리는 것은 아마추어의 스피치다.

마지막으로 스피치 원고를 달달달 외워 일방적으로 풀어내는 경우에도 속도가 빨라진다. 외운 것을 잊기 전에 쏟아내려다 보니 마음이 급해지는 탓이다. 스피치는 청중과의 대화, 즉 교류가 이루어지는 쌍방향 커뮤니케이션이어야 한다. 청중의 수가 아무리 많다 하더라도 편안하게 소수의 사람과 대화하듯 말하라. 그들이 내 말을 차근차근 이해하면서 들을 수 있는 속도로 말해야 한다. 1분에 약 300음절, 10문장 내외로 말하는 것이 적당한 속도다.

오늘의 낭독

다음 글을 발음과 둥근 억양, 속도에 주의하며 천천히 읽어봅시다.

인내하는 습관을 가져라.

전진하는 사람들이 어째서 억세어지는가를 알면,

어째서 억센 사람들만 전진할 수 있는지 알 것이다.

탄소가 부서지기 쉬운 철을 강철로 변화시키는 것처럼

인내력은 인간의 성격을 변화시키는 힘이 있다.

인내력이 있으면 당신은 부를 추구하는 의식을 계발할 수 있으며,

그 힘으로 잠재의식은 항상 당신을 부의 세계로 인도한다.

아무리 명마일지라도 한 번 뛰어 열 걸음을 나아가지는 못한다.

아무리 하찮은 수레를 끄는 말이라도 중단하지 않고

먼 곳까지 도달한다면 명마와 다를 게 없다.

전진을 계속하는 자만이 최후에 승리한다.

_나폴레옹 힐 | 국일미디어 | 《놓치고 싶지 않은 나의 꿈 나의 인생1》에서

스피치 예문

자신의 속도로 산을 오르십시오

한국인이 가장 좋아하는 취미 1위가 무엇인지 아십니까? 최근 한 설문조사에 따르면, 예전에 많은 사람들이 취미로 꼽았던 독서, 영화, 음악 감상 등을 제치고 '등산'이 1위를 차지했다고 합니다. 저도 등산을 즐기는 편인데요, 등산을 하다보면 보이지 않던 것들이 보이기도 하고, 나만의 사색의 시간을 가질 수 있어서 좋습니다. 최근에 등산을 하면서 느낀 점이 있어서 오늘 여러분과 나누고자 합니다.

지난 토요일, 아침 일찍 일어나서 북한산으로 향했습니다. 최근 날씨가 조금 풀려서인지 등산길 초입이 매우 북적거렸습니다. 한산하게 여유를 즐기며 산을 오르고 싶었는데, 순간 아쉬운 마음이 들었습니다. 그런데 점점 산을 오를수록 그 많던 사람들이 하나둘씩 줄고, 어느새 제 주위에는 몇몇 사람들만이 조용히 산을 오르고 있더군요. 아무래도 체력도 다르고 목적지도 달라서 저마다의 속도로 오르는가보다 싶었습니다. 그러면서 문득 이런 생각이 들었어요. '산을 오를 때는 나만의 속도로 갔는데, 그동안 인생이라는 산을 오르면서 나는 다른 사람의 속도에 너무 신경을 썼구나.' 다른 사람들의 페이스에 맞춰 속도 조절을 하지 못했던 제 자신을 돌아보게 되었습니다.

제가 좋아하는 말 중에 이런 말이 있습니다 '인생에서 속도는 중요하지 않다. 그대 자신의 속도로 가라. 천천히, 그러나 꾸준히 계속 가라.' 세계적인 리더십 전문가 존 맥스웰이 한 말인데요. 여러분, 우리는 각자의 목적지와 길이 있습니다. 여러분만의 속도에 맞춰 여러분만의 산을 오르십시오.

오늘의 트레이닝

● 자음의 혀 위치에 유의하며, 다음 문장을 정확한 발음으로 읽어봅시다.

① 삼국지는 위서 30권, 촉서 15권, 오서 20권, 합계 65권으로 되어 있다.

② 감귤류 껍질과 함께 절여 만든 과일 잼인 마멀레이드는 원래 마르멜로 열매로 만든 잼이란 뜻의 포르투갈어다.

③ 라일락꽃 같은 라이안의 내로라하는 여덟 명의 처녀들이 랄랄랄라 랄랄랄라 노래를 부르며 몸을 흔든다.

④ 모락모락 김이 나는 맛있는 만두를 말썽꾸러기 말복이가 마구간 말들에게 말없이 줘버렸다.

⑤ 서촌 사는 서울 사람이 서울특별시 서대문구 성산로 13길에 사는 신송선씨를 찾는다.

⑥ 잘 익지 않은 질긴 고기를 잘근잘근 썰어서 조물조물 주물러 약한 불에 지글지글 다시 구워라.

⑦ 볼레로와 밤의 가스파르로 유명한 프랑스 작곡가 라벨은 에스파냐풍의 정서를 나타내며 세계 근대악파의 지도적 지위를 지니고 있다.

⑧ 레알 마드리드와 아틀레티코 마드리드 경기에서 결승골을 넣은 치차리토의 본명은 하비에르 에르난데스다.

⑨ 반달모양이 기본적인 형태인 청동기 시대의 대표적인 수확도구인 반달돌칼은 장방형이나 삼각형의 돌칼도 있다.

⑩ 초롱초롱 눈망울이 예쁜 착한 초롱이는 추운 겨울 칫솔에 치약을 묻혀 치카푸카 칫솔질을 철저히 한다.

● 지시에 따라 아래 글을 여러 번 읽으면서, 말의 속도 훈련을 해봅시다.

① 내용을 숙지하며 편안하게 읽는다.
② 의미 단위별로 끊어 읽기 표시를 한 후 읽는다.
③ 자연스럽게 말하듯이 읽으면서 시간을 재어보자. 아래 글은 300음절로 되어 있다. 대략 1분에 맞춰 말하면 적당한 속도다.

사람의 마음을 사로잡아 끄는 힘을 매력이라고 합니다.
누구나 매력적인 사람이 되고 싶어 하는데요. 그 매력의 핵심은 바로 친절이라는 사실, 여러분, 알고 계십니까? 친절은 사람들로 하여금 내가 '괜찮은 사람'이라고 생각하게 만드는 마법을 발휘합니다. /(100) 사람들이 가장 필요로 하는 것이 바로 '친절하고 정중하게 대접받고자 하는 욕구'라는 연구결과도 있습니다. 저는 오늘 그러한 친절함이 발휘되는 배려화법 2가지를 말씀드리겠습니다.

첫째는 칭찬입니다. 상대방의 좋은 점을 봤을 때는 망설이지 말고/(200) 구체적으로 언급해주는 것입니다.
두 번째는 감사의 표현입니다. "고맙습니다" "덕분이에요"와 같은 감사의 말에 익숙해지시기 바랍니다.

이러한 표현은 아무리 많이 해도 지나치지 않은 것 같습니다. 배려 화법을 익혀서 우리 모두 매력적인 사람이 됩시다./(300)

SECRET 3

강조법 트레이닝

리드미컬한 스피치로 승부하라

눈을 부릅뜨고 들으려고 해도 도통 집중하기 어려운 스피치가 있는가 하면, 하던 일도 멈추게 만드는 흡입력 있는 스피치도 있다. 무엇이 이러한 차이를 만드는 것일까? 여러 가지 요소가 있겠지만 그중에서도 목소리 변화의 유무가 가장 큰 영향을 미친다.

처음부터 끝까지 낮고 단조로운 톤, 일정한 속도로 말하는 스피치는 청중을 매우 지루하게 만든다. 흔히 대학교 교수님을 연상케 하는 스피치 스타일이다. 부드럽다는 장점은 있으나 다소 졸리고 내용이 귀에 잘 들어오지 않는다. 그렇다면 계속 높은 톤으로 힘차게만 말하면 어떨까? 오히려 모든 내용을 강조하는 격이 되어서 중요한 부분이 두드러지지 않는다. 또 격앙된 목소리는 시간이 흐를수록 청중의 귀를 따갑고 피곤하게 만든다.

즉, 높든 낮든 한결같은 소리가 아니라 무조건 '변화'가 있는 목소리여야 한다. 변화가 있어야 말에도 노래와 같은 리듬감, 활력, 생동감이 생긴다. 그래야 청중의 귀를 꽉 붙잡아둘 수 있다.

목소리에 변화를 주어 생동감을 만드는 가장 쉬운 방법은 내가 중요하다고 생각하는 부분을 강조하는 것이다. 중요한 내용과 중요하지 않은 내용을 구분해 말할 때 목소리에는 자연스러운 변화가 생겨난다. 그런데 많은 사람이 무조건 크게 천편일률적인 강조를 하거나, 나름 한다고는 하지만 듣는 입장에서는 강조를 하는 건지 마는 건지 전혀 느껴지지 않는 경우가 많다. 목소리의 톤, 강약, 속도 등을 다양하게 변화시키는 것이 강조법의 핵심이다. 무엇보다 강조를 할 때에는 '아, 이 부분이 중요하구나!' 하고 청중이 피부로 즉시 느낄 수 있을 만큼 확실하게 살려주어야 한다.

이번 장에서는 강약에 변화를 주는 강조법, 속도(와 길이)에 변화를 주는 강조법 그리고 침묵의 길이를 이용한 강조법을 알아보겠다. 청중이 귀를 쫑긋 세울 수 있도록 강조법을 활용해 리드미컬한 스피치를 해보자.

Skill 1

강약으로 강조하라

• 강하게 강조

평소 대화할 때에도 중요한 내용을 말하거나 감정이 격해질 때엔 자연스레 목소리 톤이 올라가고 성량은 커지기 마련이다. 이처럼 중요하다고 생각하는 부분에 힘을 주어 강하게 말함으로써 강조하는 방법이다. 청중에게 반드시 전달하고자 하는 단어, 강력하게 설득해야 하는 부분, 희망의 메시지 등에서 기본 톤보다 한 톤 높여 힘주어 말해보자. 목이 아닌 아랫배에 단단히 힘을 주어야 소리에 호소력이 짙어진다. 청중으로 하여금 충분히 중요한 내용임을 느낄 수 있도록 확실하게 힘을 주자.

- 작은 변화가 일어날 때 **진정한 삶을** 살게 됩니다.
- 꿈이 이루어진 것처럼 **자신감을** 가지고 행동하세요.
- 사랑은 지배하는 것이 아니라 **자유를 주는** 것입니다.
- 인간관계를 위해서는 익숙해지기보다 **발전하기 위해** 노력하십시오.

• 약하게 강조

목소리 톤을 높여 힘 있게 말하는 것만이 강조가 아니다. 중요하다고 생각하는 내용에서 오히려 톤을 낮춰 약하게 말하는 강조법에 주목해보자. 조용히 작게 말하는 이 기법을 활용하면 청중이 더욱 귀 기울여 집중하는 효과가 있다.

또한 낮은 목소리에 감정이 실리면, 그 안에 담긴 의미가 증폭되면서 청중의 마음에 쉽게 가닿는다. 좌절, 실패, 절망 등 약하고 부정적인 이미지를 가진 단어들을 사용할 때 그 효과가 더 커진다.

단, 주의할 점은 작게 말하더라도 청중이 알아들을 수 있는 크기와 발음이어야 한다는 점이다. 또한, 낮춤 강조 직전에 해당하는 부분을 크고 강하게 말하면 더 두드러진 변화를 가져올 수 있다.

- 연이은 사업 실패에 좌절감에 빠지고 말았습니다.
- 희망을 버린다는 것은 인생을 포기하는 것과 같습니다.
- 아무리 작고 소박한 꿈이라 해도 다른 사람들에게 이야기해보세요.
- 어떤 것이든 정상에 오른 순간부터 조금씩 내리막길을 걷기 시작하는 것입니다.

Skill 2
속도(와 길이)로 강조하라

• 천천히 강조

중요한 내용은 속도를 늦춰 천천히 말함으로써 강조하는 방법이다. 하지만 모든 말을 느리게 한다고 해서 청중이 더 잘 이해하는 것은 아니다. 말이 느리기만 하면 축축 처지고 지루해질 수 있으므로 말의 속도에도 리드미컬한 변화를 주어야 한다. 쉽거나 별로 중요하지 않은 내용, 청중이 이미 다 아는 내용은 빠르게 말하고 중요한 내용, 어렵고 복잡한 내용, 숫자, 인명, 지명, 연대 등의 정보를 말할 때는 천천히 또박또박 말해야 한다. 말의 속도만으로도 청중에게 "이 부분은 매우 중요합니다. 기억해주세요!"라는 의미를 충분히 전할 수 있다. 앞서 설명한 '강하게 강조'와 '천천히 강조'는 동시에 쓰는 경우가 많다. 강하면서도 천천히 말하는 것이다.

- 캐나다 **스 티 븐 하 퍼 총 리**는 다음과 같이 말했습니다.
- 휘발유 평균값이 전 주보다 리터당 **22.1 원**이 올랐습니다.
- '태양을 향해 던지는 창이 **가 장 높 이 올 라 간 다**'는 말이 있습니다.
- 당신이 진심으로 **느 끼 고, 말 하 고, 행 동 하 면** 그 모습이 만들어집니다.

• 늘여서 강조

형용사나 부사를 표현할 때 모음의 길이에 변화를 줌으로써 내용의 정도와 말하는 사람의 감정을 실감나게 강조하는 방법이다. 모음의 길이가 길어질수록 그 의미가 갖는 강도, 발표자가 느끼는 감정 상태가 더 확실해진다. 예를 들어 "엄청난 태풍이 몰려왔습니다"라고 일정하게 말하는 것보다는 "엄~~청난 태풍이 몰려왔습니다"라고 길게 늘여 말할수록 태풍의 크기가 훨씬 크고 실감나게 느껴진다. 감정을 전하거나 단어가 가진 열정을 확실하게 표현하고자 할 때, 그 길이에 변화를 줘보자.

- 황사가 찾아오면서 독감 환자가 크~게 늘고 있습니다.
- 백화점 세일 기간만 되면 주차장이 아~주 번잡해집니다.
- 그 가수의 노래는 많~은 사람의 마음을 어루만져주었습니다.
- 코스닥은 620선을 돌파하며 종가 기준 최~고치를 기록했습니다.

Skill 3
포즈로 강조하라

• 포즈를 짧게

다음은 포즈 기법이다. 이 부분에는 별표를 3개쯤 큼지막하게 그려도 좋다. 말을 세련되고 전문적인 느낌으로 만들어주는 가장 중요한 스피치 기법 중 하나다. 포즈(Pause)는 말을 잠시 멈추고 침묵하는 것을 말하는데, 포즈 바로 뒤에 이어지는 내용이 강조된다. 포즈의 길이에 따라서 짧은 포즈와 긴 포즈가 있다.

짧은 단어 하나를 강조하고 싶을 때는 그 단어 앞에서 잠깐 숨을 멈춘다. 그러면 짧은 침묵의 시간 동안 청중이 주목하는 효과가 있으면서, 동시에 뒤에 오는 단어가 훨씬 잘 들린다. 이렇게 단어 앞에서 살짝 쉬어주는 포즈를 '짧은 포즈'라고 한다.

- 독한 약일수록 효과는 세지만 / **부작용**도 큰 법이다.
- 회사성장의 바탕에는 직원들의 / **열정**이 있었습니다.
- 스피치는 생각하는 것이 아니라 / **실천**하는 것입니다.
- 그는 대중 앞에 설 때 마치 / **오케스트라 지휘자**처럼 보인다.

포즈를 길게

사람들은 스피치를 하다가 잠시라도 말을 멈추는 것을 상당히 부담스러워 한다. 그래서 어떻게든 쉼 없이 말을 빽빽하게 이어나가곤 한다. 그러나 포즈가 없는 스피치는 여유가 없기에 덩달아 자신감도 없어 보인다. 청중에게 효과적인 의미 전달을 하기도 어렵다. 포즈를 적절히 활용하면 청중은 그 시간에 지금까지 들은 내용을 이해하고 정리하며, 다음 말에 기대감을 가질 수 있다. 이런 포즈를 '긴 포즈'라고 한다. 긴 포즈는 다음과 같이 스피치 곳곳에서 다양하게 활용될 수 있다.

· 핵심메시지의 전후
· 질문을 한 후
· 명언이나 격언을 인용하기 전후
· 단락이 전환될 때
· 마무리하기 전

긴 포즈는 대략 1~3초 정도 말을 멈추는데, 포즈를 하는 타이밍이나 길이가 정해져 있는 것은 아니다. 내가 청중을 집중시키고 싶을 때, 긴장감을 조성하고 싶을 때 자유롭게 활용하면 된다. 처음에는 익숙하지 않지만 한 번 쉼을 통해 스피치의 여백을 살려보면 그 묘미를 느끼게 되어 자꾸만 쓰고 싶어질 것이다.

- 위대한 예술작품은 /// **평론가가 만듭니다.**
- 그것을 선택하든 선택하지 않든 그것은 /// **당신의 자유입니다.**
- 현대인에게 가장 중요한 능력은 무엇일까요? /// **바로, 자기 표현력입니다.**
- 에머슨은 이런 말을 했습니다. /// **"자신감을 잃으면 온 세상이 적이 된다" 라고요.**

오늘의 낭독

다음 글을 강조법을 적용해서 읽어봅시다.

나는 이제부터 내 감정의 지배자가 되리라!

약한 자는 자신의 생각이 행동을 조종하도록 내버려두는 사람이다.

반면 강한 자는 자신의 생각을 조종하기 위해 과감하게 행동한다.

만약 내가 울적해지면 나는 노래를 부르리라.

만약 슬픔을 느낀다면 웃으리라.

만약 아픔을 느낀다면 두 배의 일을 하리라.

만약 공포를 느낀다면 나는 과감하게 앞으로 나아가리라.

만약 열등감을 느낀다면 새 옷을 입으리라.

만약 의심이 생긴다면 큰 소리로 외치리라.

만약 가난함을 느낀다면 재산이 들어올 것이라고 생각하리라.

만약 무능함을 느낀다면 지난날의 성공을 회상하리라.

만약 삶이 무의미하게 느껴진다면 나의 목표를 기억하리라.

나는 적극적인 행동으로 나의 감정을 억제하며,

그렇게 되면 나의 운명을 조종할 수 있으리라.

_오그 만디노 | 문진출판사 | 《아카바의 선물》에서

스피치 예문

지금 당장 도전하십시오!

여러분, 어제 하루 어떤 도전을 하셨나요? 하루하루 편안한 현실에 만족하며 살다보면 도전과는 점점 거리가 먼 삶을 살게 되지요. 하지만 도전하지 않는다면, 얻는 것도 없습니다.

기계를 만드는 것이 취미였던 열두 살의 어린 소년이 있었습니다. 어느 날 주파수의 계수기를 만들던 중 아주 중요한 부품이 없어 완성을 못하게 되었습니다. 포기할 법도 한데 이 소년은 도움을 요청할 누군가를 찾게 되고, 전화번호부에서 누군가의 번호를 찾아내 전화를 합니다. 전화를 받은 사람은 바로 HP의 사장 '빌 휴렛'이었습니다. 그는 부품을 주는 것은 물론이고, 여름방학 때 본인의 회사에서 일해보는 것은 어떠냐고 제안까지 합니다. 소년은 평생 자신의 인생에서 가장 천국 같은 열두 살의 여름방학을 보내게 됩니다.

이 소년이 바로 혁신의 아이콘, 21세기를 변화시킨 장본인, 스티브잡스입니다.

만약 여러분이 이 소년이었다면 어떻게 하셨겠습니까? 꿈만 꾸는 사람과 꿈을 이루는 사람의 차이는 도전정신에 달려 있습니다. 여러분, 꿈이 있다면 주저하지 말고 지금 바로 도전하세요.

오늘의 트레이닝

● 강조법을 적절하게 활용해 다음 내용을 읽어봅시다.

여러분의 한 해 **목표**는 무엇입니까? ///

목표는 // '기한이 있는 꿈'이라는 말이 있습니다.

여러분의 꿈을 이루기 위해, 반드시 / **목표**를 세우십시오.

청중의 **공감이나 동의**를 얻지 못한다면 // 그 발표는 실패입니다.

청중이 깊~이 공감할 수 있도록 늘 / 연구해야 합니다.

여러분, // 누구와 소통하든 / 폭넓~은 시야를 가지고 / 다~양한 논점을 얘기해보십시오.

그리고 자연스럽게 **유머**가 나올 수 있도록 타이밍을 잘 맞추어 / **재치 있는** 표현을 해보세요.

자신의 **말하는** 스타일을 찾아 / **여러분**만의 것으로 // **계발**하시기 바랍니다.

PART 02

스피치
기본 단계

스피치 기본 단계에 들어가며

스피치 기초 단계에서 보이스 트레이닝을 열심히 한 당신, 어떤가? 소리 내어 연습을 많이 한 사람일수록 목소리가 이전과는 분명 달라졌을 것이다. 이 책의 마지막 장을 덮는 날까지 매일 최소 10분씩은 보이스 트레이닝으로 워밍업을 할 것을 제안한다. 아니, 자기 자신과 굳은 약속을 했으면 한다. 가슴에 손을 살포시 얹고서 말이다. 이 작은 다짐과 실천이 당신의 목소리와 스피치 실력을 크게 향상시켜줄 것을 나는 확신한다.

이제 스피치 기본 단계다. 스피치 전체의 방향과 틀을 잡고, 내용을 구성하는 매우 중요한 단계라고 할 수 있다. 기초와 기본 없이는 발전도 완성도 없다. 스피치 교육을 하다보면 첫 시간에 OSC 구성법만 알려줘도 사람들의 스피치가 확연히 달라지는 것을 자주 본다. 두서없이 생각나는 대로 말을 하다보면 정작 핵심을 놓치고 자신이 하고 싶은 말을 다 못하게 된다. 구조와 순서에 따라 말하는 법만 익혀도 배가 산으로 가는 일 없이 핵심을 제대로 전달할 수 있다.

알고 보면 참 쉬운 구성법(Opening-Storytelling-Closing)인데, 실제로 이에 맞게 제대로 말하는 사람은 드물다. 그만큼 사람들이 스피치 이론을 잘 모르기도 하거니와, 알기는 알되 실질적인 훈련이 부족한 경우가 대부분이다.

그래서 이 단계에서는 핵심메시지를 설정하는 것부터 시작해, 가장 유용하게 쓰일 수 있는 구성법 3가지(OSC, OPREMP, PREP 법칙), 오프닝-스토리텔링-클로징 각 단계의 기능과 활용법, 설득력을 높일 수 있는 ECN 법칙(Example-Cite-Number), 매직넘버 3 등을 다룬다. 기본만 제대로 해도 어디 가서 말 못한다는 소리는 듣지 않을 수 있다. 7일에 걸친 기본 단계를 훌륭히 완수하고 스피치의 감을 잡길 바란다. 일주일이 지난 뒤에는 "아하, 스피치란 이건 거구나!"하며 무릎을 탁 치는 순간이 올 것이다.

SECRET 4
Key Message 설정

목표가 확실한 스피치를 하라

'생각대로 살지 않으면, 사는 대로 생각하게 된다'는 말이 있다. 인생을 살아가면서 제 나름대로 삶의 목표를 정하고 이를 가슴 속에 새긴 채 방향을 잃지 않으려고 노력하는 사람이 있는가 하면, '어떻게 살다보면 되겠지…'라는 안이한 마음으로 하루하루를 그저 때우듯이 살아가는 사람도 있다. 누구의 삶이 더 충만하고 행복할지, 의욕과 생기가 넘칠지 우리는 답을 알고 있다. 인생의 마지막에 "난 꽤 열심히 잘 살았어"라고 말하며 미소 지을 수 있다면, 그게 결국 성공한 인생 아닐까?

목표가 중요한 건 인생뿐만이 아니다. 말에 있어서도 마찬가지다. 대화, 설득, 보고, 회의, 프레젠테이션 등 말로 이루어지는 모든 커뮤니케이션을 실시하고자 할 때, 그 준비 단계로 제일 먼저 해야 할 것은 목표를 정하는 일이다.

스피치에 자신 없다고 말하는 이들에게 스피치 셀프진단표를 제시하면, 대부분 다음 3가지 항목에 체크하곤 한다.

☑ 머릿속이 하얘지면서 심장이 마구 떨린다.
☑ 무슨 말을 어떻게 꺼내야 할지 모르겠다.
☑ 내용이 뒤죽박죽 두서없고, 핵심을 전하지 못한다.

이유는 간단하다. 확실한 목표와 방향성이 없어서다. 일단 말을 시작하면 어떻게든 되겠지 하는 마음으로 그냥 떠오르는 생각들을 입으로 내뱉다가 끝나버리는 스피치. 결국 아무것도 남는 게 없는 스피치가 되고 만다.

Skill 1
질문으로 스피치의 큰 방향을 잡아라

의미 있는 스피치, 흔들림 없이 목표를 향해 나아가는 스피치를 위해서는 무엇이 필요할까? 다음 3가지 질문을 통해 방향을 잡을 수 있다.

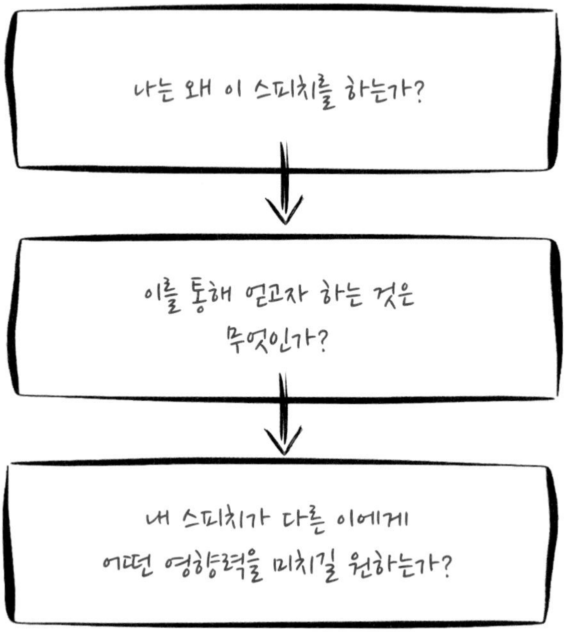

이 3가지 질문에 차근차근 답을 하다보면 무엇을, 왜, 어떻게 말해야 할지 스피치의 큰 방향성이 서서히 드러나면서 뿌옇던 시야가 점차 선명해지는 느낌이 든다.

예를 들어 인테리어 회사에서 수주경쟁 PT를 해야 하는 상황이라고 가정하고, 위의 질문에 답을 하나씩 해보자.

나는 왜 이 스피치를 하는가?

발주회사의 임원들에게 디자인을 설명하기 위해서.

↓

이를 통해 얻고자 하는 것은 무엇인가?

우리 회사의 디자인이 타 회사를 물리치고 채택되는 것!

↓

내 스피치가 다른 이에게
어떤 영향력을 미치길 원하는가?

우리 디자인이 최고로 우수하다는 것을 알리고,
고객이 원하는 컨셉에 최대한 맞추기 위해
진심을 다해 디자인했다는 것을 인식시키고 싶다.

이제 발표자에게는 큰 방향성이 생겼다. 무엇을 어떻게 말해야 할지 감이 올 것이다.

'음… 임원들이 이해를 잘 못할 수도 있으니 세부적인 디자인은 이미지로 보여주며 설명을 하면 좋겠지? 타 회사와 비교되는 강점은 무엇인지, 왜 최고인지 언급하면 좋겠군! 우리가 그동안 얼마나 고심했는지, 고객의 요구조건에 맞추려고 얼마나 노력했는지 그 과정을 보여줘야 해. 그리고 인테리어가 끝나는 그 순간까지 믿고 맡길 수 있는 업체라는 점도 어필하면 좋을 거야.'

질문에 하나씩 답을 하다보면 이렇게 머릿속에 그와 관련된 생각들이 둥둥 떠오르게 된다.

Skill 2

한 줄의 핵심메시지를 작성하라

조금 전 생각한 큰 방향성을 그저 생각에 머무르게 두는 것이 아니라 이를 한 줄의 핵심메시지로 압축해보자. 핵심메시지(Key Message)란, 스피치를 통해서 발표자가 말하고자 하는 바를 한 문장으로 간략하게 표현한 것을 말한다. 말을 끝내고 나서 청중이 다른 것은 다 잊어도 이것만큼은 잊지 않고 기억해주었으면 하는 것이 있을 텐데, 그게 바로 핵심메시지다. 여러 사람의 주목을 받으며 제한된 시간 안에 무언가를 전해야 하는 퍼블릭 스피치에서라면 더더욱 처음부터 끝까지 결코 놓치지 말아야 할 것이 바로 핵심메시지다. 종이를 펼쳐놓고 머릿속에 떠오른 핵심메시지를 직접 펜으로 써보자. 눈으로 글을 보는 순간 자신이 가야 할 방향이 훨씬 더 명확해진다.

예를 들어 '성공'이라는 주제로 스피치를 한다고 가정했을 때, 목표(스피치의 방향)에 따라서 내용이 각각 달라진다. 성공의 의미에 대해 다시 한 번 생각하

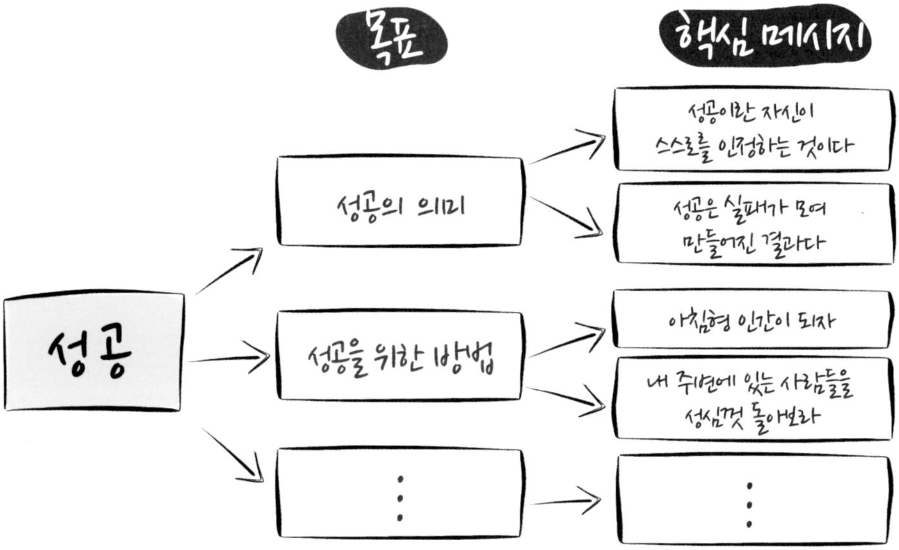

게 만드는 것이 목표인지, 아니면 성공을 위한 방법을 알려주는 것이 목표인지 정해야 한다. 그러고 나서 핵심메시지를 정하는 것이다. 만약 성공의 의미를 재조명하는 목적의 스피치라면 '성공이란 자신이 스스로를 인정하는 것이다' '성공은 실패가 모여 만들어진 결과다' 등의 핵심메시지 설정이 가능하다.

이렇게 한 문장으로 핵심메시지를 정하지 않으면, '성공'에 대한 모든 이야기가 두서없이 나오게 된다. 이럴 경우, 발표자에게 방금 한 스피치의 핵심메시지가 무엇이냐고 물으면 그들은 대부분 자신 없는 목소리로 "음… 성공이요" "그냥, 성공에 대한 제 생각인데요?" 정도의 대답을 내놓을 것이다. 그러나 이는 스피치의 큰 주제일 뿐 내가 말하고자 하는 핵심메시지는 아니다. 또는, "성공은 누구나 원하잖아요? 그런데 요즘은 성공이라고 하면 돈을 많이 번

다든지, 아니면 사회적으로 지위가 높아지는 것을 생각하는데, 그런 것보다도 저는 성공이라는 것이…" 하며 명쾌하게 정리하지 못한 채 중언부언 말하는 경우도 많다.

윈스턴 처칠은 "청중이 자신이 들은 스피치를 한 문장으로 설명하지 못한다면 그 연설은 하지 않은 것만 못하다"라고 말했다. 이처럼 핵심메시지 설정은 탄탄하고 짜임새 있는 스피치를 위해 필수적이다. 한 줄의 명확한 핵심메시지는 당신이 스피치의 숲에서 길을 잃지 않도록 돕는 확실한 나침반이 되어줄 것이다.

Skill 3

청중을 중심으로 생각을 확장하라

이렇게 스스로에게 던진 질문과 핵심메시지 작성으로 흔들림 없는 스피치의 기초가 완성된다. 하나의 목표를 향해 나아가는 스피치의 확실한 의미도 파악했을 것이다. 이제 이를 바탕으로 내용을 알차게 채워나갈 차례다. 그러기 위해서 이제 우리가 해야 할 일은 무엇일까? 바로 아주 많이 생각하는 것이다. 머릿속에 질서 없이 떠오르는 거친 아이디어를 명확한 아이디어로 다듬기 위해서는 생각이 필요한데, 그것도 아주 많이 필요하다.

흔히 스피치를 잘하는 사람을 보면 태어날 때부터 잘했을 거라고 예상하곤 한다. 물론 타고난 재능이나 성격도 영향을 미친다. 그러나 언어란 '생각을 담는 그릇'이라는 점에 비추어 봤을 때 자신만의 생각이 잘 정립되어 있는 사람일수록 말도 논리정연하게 잘하는 법이다. 따라서 툭툭 튀어나오는 생각들을 날렵하게 잡아 아이디어를 확장하고, 이를 배열하고 다듬는 '아주 많이 생각해야 하는 단계'를 거쳐야 한다.

이때 가장 깊이 고려해야 할 것, 내 생각의 중심에 놓아야 하는 대상은 바로 '청중'이다. 어떤 주제와 목적을 갖든지 모든 스피치에는 특정한 청중이 있다. 그들이 어떤 사람인지, 연령이나 성별, 직업, 지위, 성향 등을 비롯해 정말 무엇이 필요해서 이 자리에 있는지, 주제에 대한 관심도와 지식은 어느 정도인지, 그들이 진정 나의 스피치를 통해서 얻고자 하는 것은 무엇인지 등을 고려한 상태에서 스피치 콘텐츠를 만들고 구성해나가야 한다.

스피치의 목표 달성 여부는 청중의 반응에 달려 있다. 이 점을 감안하면 청중에 대한 열렬한 고민은 너무나 당연한 과정이다. 또 이것은 청중에 대한 애정과 존중의 마음이 있어야 가능한 일이기도 하다.

오늘의 낭독

다음 글은 '인생의 목표 설정'에 대한 내용을 담고 있습니다. 큰 소리로 낭독하며 스스로의 인생에 대해 점검하고 마음을 다지는 계기를 만들어봅시다.

목표는 정말 중요하다. 목표가 있으면 가는 방향이 분명해지고 도중에 난관이 닥치더라도 각오를 다잡기 쉽다. 그런데 목표가 지나치게 거창하거나 막연하다면 오히려 의욕을 꺾는 방해물이 된다. 자신의 처지나 능력으로는 도저히 이룰 수 없는 꿈을 좇다보면 쉽게 지치고 좌절하게 되기 때문이다. 더욱이 목표를 너무 크게 잡으면 상대적으로 작은 목표들이 하찮게 여겨질 수 있다. 또한 너무 막연한 목표를 따라가다보면 중간에 의욕을 잃기 쉽다. 따라서 목표를 이루고자 마음먹었다면 작더라도 구체적인 목표를 설정해 차근차근 이뤄가는 것이 훨씬 효과적이다.

해가 바뀔 때면 새해 결심을 하는 사람들이 늘어난다. 가장 흔한 목표는 아마도 자기계발과 다이어트일 것이다. 살을 빼서 멋진 몸매로 거듭나겠다는 목표를 세웠다고 가정하자. 이를 위해 새벽 운동을 열심히 하기로 결심한다. 아마도 십중팔구 작심삼일로 끝날 것이다. 목표가 너무 모호하기 때문이다.

다이어트 전문가들은 살을 빼고 싶다면 체중 감량 목표와 운동량, 운동시간 등을 아주 구체적으로 정하라고 조언한다. 예컨대 '한 달 안에 몸무게를 3kg 줄인다' '매일 아침 6시에 일어나 30분씩 달린다'처럼 말이다. 또, 부자가 되겠다며 '10년 안에 10억을 모은다'는 막연한 꿈보다는 '한 달에 최소한 100만 원씩 저축한다'는 접근이 현실적이다. 이런 목표는 그 성패가 단기간에 분명히 드러나기 때문에 성과를 측정하기에 좋고 그에 따라 각오를 재차 다지는 데도 유리하다. 소박해도 실천하기 쉬운 목표를 정하고 그것을 달성한 뒤 조금씩 목표를 높여가야 한다.

_이상훈 | 위즈덤하우스 | 《1만 시간의 법칙》에서

스피치 예문

목표를 습관으로 만드는 가장 쉬운 방법

여러분, 매년 새해가 되면 한 해의 목표를 세우시죠? 저 역시 항상 목표를 거창하게 세우고, 얼마 안 가서 언제 그랬냐는 듯 까마득하게 잊어버리곤 합니다. 그래서 저는 오늘 여러분이 세운 목표를 습관으로 만드는 가장 쉬운 방법을 알려드리겠습니다.

며칠 전《습관의 재발견》이라는 책을 감명 깊게 읽었는데요. 그 책에 따르면 큰 습관이 아니라 작은 습관부터 시작하는 것이 목표를 달성하는 지름길이라고 합니다.

그래서 저는 '하루에 1시간씩 운동하기'라는 거창한 목표가 아니라 '하루에 윗몸 일으키기 1회 하기'라는 아주 쉬운 목표를 세웠습니다. 하루에 1시간씩 운동을 하고, 윗몸 일으키기를 100회씩 해야 한다고 생각하면, 와~ 생각만으로도 벌써 하기가 싫어집니다. 하지만 1회만 한다고 하면 하나도 어렵지 않지요. 1회를 하면 2회를 하게 되고, 2회를 하면 이왕 시작한 거 10회를 하게 되고, 그러다보면 100회도 거뜬해집니다. 그러면서 습관이 되는 것이죠.

습관 만들기, 이렇게 생각하니까 참 쉽죠? 정말 간단하고 지키기 쉬운 목표를 세워서 이번에는 꼭 좋은 습관으로 만들어보시길 바랍니다.

오늘의 트레이닝

● 다음 3가지 질문을 스스로에게 던진 후, 하고자 하는 퍼블릭 스피치의 주제와 목표를 적어봅시다.

① 나는 왜 이 스피치를 하는가?

② 이를 통해 얻고자 하는 것이 무엇인가?

③ 내 스피치가 다른 이에게 어떤 영향력을 미치길 원하는가?

스피치 주제	
스피치 목표	

● 스피치의 핵심메시지(Key Message)를 한 문장으로 요약해봅시다.

Key Message	

● 스피치의 청중을 다각도로 분석해봅시다.

청중 분석	청중에 대한 다양한 정보		
	청중의 니즈	주제에 대한 지식수준	주제에 대한 호감도

SECRET 5
Logic 구성법

논리적인 스피치로 구성하라

말을 조리 있게 논리적으로 하고 싶다면 무조건 말의 구조화에 주목해야 한다. 스피치의 틀(구조)을 생각하면서 그 안에 내용을 채워 넣다보면 어느새 짜임새 있는 하나의 스피치가 완성되는 것이다. 그런데 프레젠테이션이나 강연 등 많은 준비를 거치는 스피치를 할 때조차 사람들은 하고 싶은 말을 일렬로 쭉 펼쳐놓는 나열식 스피치를 하곤 한다. 그들의 말을 듣고 있노라면 난 이렇게 외치고 싶어진다.

"나열은 스피치가 아니에요!"

사실이나 에피소드의 단순한 나열만으로는 청중의 흥미와 감동 유발이 쉽지 않고, 기억에 남지도 않기 때문이다.

스피치를 잘 못하는 사람들은 방금 언급했듯이 줄줄이 사탕 같은 나열식으로 내용을 구성하고, 앞뒤는 싹둑 잘라먹은 채 본론만 언급하곤 한다. 초등학교 시절 배웠던 글쓰기의 기초인 '서론, 본론, 결론'만 말하기에 적용해도 스피치는 크게 달라진다. 글을 쓸 때는 당연하게 생각하는 구조를 왜 말하기에는 적용하지 않는가!

가장 기초적인 구성법은 '서론, 본론, 결론'으로 이루어진 3단 구성이다. 이를 스피치에 맞게 표현을 조금 달리하면 오프닝(Opening), 스토리텔링(Storytelling), 클로징(Closing)인데, 앞 글자를 따서 간단히 'OSC 법칙'이라고 부른다. 스피치의 구조를 탄탄히 잡기 위해 이번 챕터에서는 OSC 법칙과 이를 응용한 'OPREMP 법칙' 그리고 논리적인 말하기를 위한 'PREP 법칙'을 스피치 사례를 들어가며 쉽게 다루어보겠다. 스피치의 골격을 세우는 가장 중요한 부분인 만큼 하나하나 확실하게 이해하면서 읽어나가자.

Skill 1

OSC 법칙

(Opening-Storytelling-Closing)

스피치를 할 때 가장 큰 어려움은 처음에 무슨 말을 꺼내야 할지, 어떻게 말을 전개해나가야 할지 모른다는 것이다. 이럴 때 OSC 법칙을 기억하자!

- **Opening**

오프닝은 스피치의 문을 여는 단계다. 앞으로 어떤 내용을 말할 것인지 보여줌으로써 스피치에 대한 흥미와 기대감을 불러일으키고 집중을 유도하는 아주 중요한 시간이다. 스피치 주제와 관련된 질문이나 흥미로운 첫 문장을 생각해보자. 그런 뒤 스피치의 목적이나 요점을 간단히 언급하면 청중의 머릿속은 명쾌해지면서 본론의 내용을 받아들일 준비를 하게 된다.

- **Storytelling**

오프닝에서 스피치에 대한 기대감을 조성하고 주제를 언급했다면, 이제는 주제에 대한 뒷받침이 이루어져야 한다. 이때 내 생각과 주장을 직접적으로 말하면 청중은 강요받는 느낌이 든다. 나의 메시지를 가장 잘 전달할 수 있는 스토리를 찾아 청중에게 쉽고 재미있게 다가갈 수 있도록 이야기 형식으로 말해보라. 재미있는 이야기 안에 나의 메시지가 자연스럽게 녹아들게끔 간접적인 설득을 해야 한다. 청중이 거부감 없이 나의 주장을 받아들이고, 절로 고개를 끄덕이도록 말이다.

- **Closing**

스피치를 마무리하는 단계인 클로징은 오프닝만큼이나 중요하다. 많은 발표자들이 말을 하다가 끝을 어떻게 맺어야 할지 몰라 우물쭈물하다가 대충 마치고 황급히 자리로 들어오곤 하는데, 이렇게 흐지부지 끝나면 청중은 스피치를 인상적으로 기억하지 않는다. 마무리까지 확실히 계획해서 청중에게 좋은 인상을 남겨야 한다. 지금까지 했던 말을 요약해 다시 한 번 강조함으로써 청중의 머릿속에 핵심메시지를 각인시켜보자. 이어서 여운을 남기는 말로 청중의 가슴 속에 감동적인 스피치로 기억되게 해보자.

프레젠테이션, 강의와 같은 정보전달 위주의 스피치를 할 때는 OSC법칙에서 조금 확장된 'OOSSC 법칙'을 적용해볼 수 있다. 전체적인 내용을 한눈에 미리 보여주는 오버뷰(Overview)가 오프닝 다음에 나오고, 본론을 다 말한 이후 써머리(Summary)에서 다시 한 번 전체 내용을 정리해주는 것이다. 〈시크릿 12 Repeat 화법〉에서 이 부분을 다시 한 번 다루도록 하겠다.

Skill 2

OPREMP 법칙

(Opening-Point-Reason-Example-Move&Point)

OSC 법칙에 익숙해졌다면 이번엔 이를 응용한 'OPREMP 법칙'을 알아보자. OPREMP 법칙은 OSC 법칙과 기본 골격은 같지만 조금 더 세분화되어 있어 스피치를 더욱 풍성하게 만든다. 청중과 교감하고 설득력 있는 스피치를 하고 싶다면 OPREMP 법칙이 제격이다.

• Opening

오프닝에서 스피치의 목적이나 요점을 간단히 밝힘으로써 청중을 집중시키고 기대감을 조성해야 함은 앞서 OSC 법칙에서 설명했다. 다른 점이 있다면 OPREMP 법칙에서는 오프닝에서 조금 더 청중과 교류하고 공감하는 시간을 갖는 것이 핵심이다. 스피치를 시작할 때는 발표자도 긴장이 되고, 청중도 아직 발표자가 낯선데다가 신뢰감이 형성되지 않은 상태이다. 이럴 때 청중에게 가벼운 질문을 던져서 분위기를 편안하게 조성하는 것이 중요하다. 또는 주제와 관련된 짤막한 에피소드를 통해 청중이 자연스럽게 스피치에 집중하도록 유도하는 것도 좋은 방법이다.

• Point

초반에 청중과 관계 형성이 잘 이루어져 청중이 스피치에 재미있게 빠져들기 시작할 때쯤 스피치의 핵심메시지, 즉 포인트(Point)를 전해야 한다. 이때 메시지는 최대한 명확하고 간결하게 제시해야 청중이 이해하고 기억하기가 쉽다.

• Reason

청중에게 내가 전한 메시지를 설득해야 하는 단계다. 내가 주장하는 이유(Reason), 배경 등을 먼저 밝혀야 한다.

• Example

그리고 메시지를 담은 에피소드를 예(Example)로 들어가며 소개함으로써 설득의 쐐기를 박는다. OSC 법칙의 Storytelling 단계에 해당하는 스토리를 말하거나, 메시지와 관련해 내가 직접 겪은 경험을 흥미롭게 이야기 형식으로 말한다.

• Move&Point

클로징에 해당하는 Move&Point 단계다. 마지막에는 청중에게 감동과 여운을 주고 핵심을 다시 한 번 각인시키는 역할이 중요하다. 나의 메시지를 담은 명언이나 인용구를 넣어 청중의 가슴을 움직일 수 있는 마무리를 하는 것이다. 그리고 주제를 다시 한 번 요약하고 포인트를 강조하여 청중이 이를 깊이 새길 수 있도록 하자.

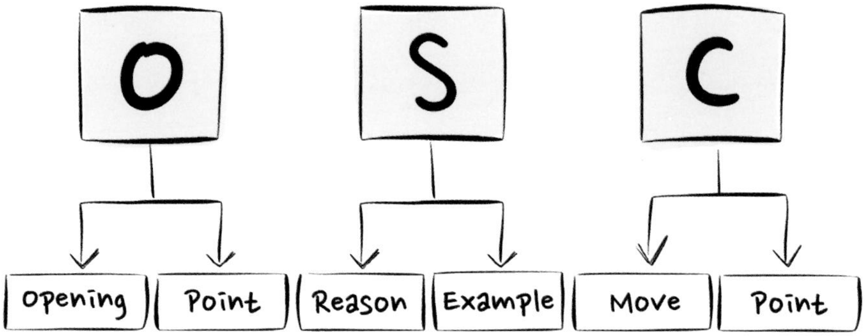

Skill 3

PREP 법칙
(Point-Reason-Example-Point)

스피치는 성격과 목적에 따라 다양한 종류가 있다. 청중과의 공감과 소통을 목적으로 하는 스피치가 있는가 하면, 논리적으로 간결하게 핵심만 전해야 하는 스피치도 있다. 지금까지 살펴본 OSC 법칙과 OPREMP 법칙이 청중과의 공감을 위한 것이었다면, 'PREP 법칙'은 논리적인 스피치를 위한 가장 효과적인 방법이다.

직장 내에서의 보고나 회의, 면접 스피치의 경우 최대한 간결하고 명확하게 근거를 제시해 설득력 있게 말하는 것이 중요하다. PREP 법칙은 Point(결론) -

Reason(이유) – Example(사례) – Point(결론) 순서로 말함으로써 핵심을 근거, 사례와 함께 직접적으로 제시하는 방식이다. OPREMP 법칙에서 청중과의 공감을 유도하고 감성적인 설득이 이루어지는 O와 M이 빠진 축약형으로 이해하면 되겠다.

PREP 법칙에 따라 말을 하다보면, 자연스럽게 "왜냐하면, 예를 들어, 결론적으로"의 순서로 말을 하게 된다. 논리적인 말하기를 위해 반드시 당신의 입에 배어야 하는 3가지 표현이 있다면 바로 이것이다.

"왜냐하면, 예를 들어, 결론적으로!"

Point

저는 고객을 응대하는 서비스직에 매우 잘 맞는다고 생각합니다.

↓

Reason

"왜냐하면" 저는 그동안 서비스와 관련된 다양한 경험을 해보았기 때문입니다.

↓

Example

"예를 들어서" 호텔 레스토랑에 서빙하는 일을 2년 동안 하면서 손님들이 진짜 필요로 하는 서비스가 무엇인지 직접 체험을 통해 알게 되었습니다. 또 화장품 가게에서 1년간 영업을 하면서 고객의 니즈를 재빠르게 파악하고, 고객이 원하는 제품을 찾아 부드럽게 권하는 방법도 익혔습니다.

↓

Point

"결론적으로" 저는 고객을 만나 응대하고, 서비스를 제공하는 일에 자신 있습니다.

스피치 예문

앞서 배운 구조의 법칙을 떠올리며 다음 글을 읽어봅시다.

OSC 법칙을 이용한 스피치

O 여러분은 자신이 처해 있는 주변 환경에 대해서 그동안 얼마나 감사하며 살아오셨습니까? 저는 이런 감사함을 몸소 느낀 적이 있는데요. 오늘 그 이야기를 짤막하게 들려드리겠습니다.

S 3년 전 필리핀 쓰레기 수상가옥 마을로 4박 5일 동안 자원봉사를 갔습니다. 직접 가보니까 예상했던 것보다 훨씬 상태가 심각하고 참혹한 환경 속에서 사람들이 살아가고 있더라고요. 대부분의 집들이 썩은 나무로 만들어져 있었고, 허물어져가는 집에 많은 사람이 한데 모여서 살고 있었습니다. 게다가 필리핀은 출산율도 높아서 거리에 아이들이 상당히 많았는데요, 저는 그 아이들의 표정을 보고 무척 놀라지 않을 수가 없었습니다. 지저분하고 불편한 환경에 불평할 만도 한데 아이들 표정이 너무나 밝은 거예요. 그렇게 해맑은 표정으로 즐겁게 수영도 하고, 친구들끼리 장난치는 모습을 저는 한참을 서서 바라봤습니다.

C 순간 '아! 나는 그동안 내가 누리고 있는 것들을 너무 당연하게 여기며 살았구나…' 하는 생각이 들었어요. 그 후부터 제 마음이 많이 바뀌었습니다. 작은 것에도 감사하고, 설령 만족스럽지 않더라도 현재 주어진 것에 기뻐할 줄 알게 되었습니다. 내가 가진 사소한 것에라도 감사함을 느끼면서 살아가는 삶, 그것이 만족스러운 삶을 사는 비결이라고 생각합니다.

스피치 예문

OPREMP 법칙을 이용한 스피치

O 최고 경영자 여러분, 안녕하십니까? 한국의 CEO들이 회사 직원들을 대상으로 강연을 할 때면 예외 없이 이런 말을 합니다. '올해는 외부환경의 변화가 그 어느 해보다 심각하기 때문에 위기에 대한 마인드를 철저히 갖추어야 한다'라고요. 그런데 여러분, 외부환경의 변화는 항상 위기를 의미하는 것일까요?

P 특정 환경의 변화가 해당 기업에 위기가 될 것인지, 아니면 절호의 기회가 될 것인지를 결정하는 것은 이 소중한 기회를 창조적으로 활용할 수 있는 CEO의 전략적 사고 능력에 달려 있습니다.

R "왜냐하면" 전략적 사고를 하는 CEO일수록 다가오는 환경 변화를 어떻게 활용할 것인지를 생각하는 반면, 능력이 부족한 CEO들은 일단 환경 변화는 위기라고 단정 지으려는 경향이 많기 때문입니다.

E "예를 들어" 1975년 컴퓨터 시장의 공룡기업이었던 IBM은 개인용 컴퓨터가 출현하는 환경 변화를 간과해서 도산의 위기까지 경험했고, 90년대 초 인터넷의 출현에 대응하기 위해서 오프라인 유통채널에 막대한 투자를 했던 세계 1등 기업 컴팩 역시 어이없이 무너졌습니다.

반면 전략적 사고를 하는 CEO 스티브 잡스가 있었던 당시 후발주자 애플사는 이를 매우 소중한 기회로 활용해서, 시가총액 1위 기업으로 성장할 수 있었습니다.

M&P 지금 이 순간에도 한국 기업에서는 수많은 회의를 하고 있을 텐데요. 혹시 여러분은 환경 변화를 무조건 위기로 몰아가고 있는 것은 아닌지 한번 점검해 보십시오. 전략적 사고를 통해 위기를 기회로, 또 창조적으로 활용하는 최고 경영자가 되시기를 바랍니다. 감사합니다.

스피치 예문

PREP 법칙을 이용한 스피치

P 청중을 매료시키려면 상황에 따라 적절한 목소리를 낼 수 있어야 합니다.

R "왜냐하면" 커뮤니케이션의 많은 채널 중에서도 목소리는 정서적인 공감대를 끌어내는 데 가장 훌륭한 매개체이기 때문입니다.

E "예를 들어" 타고난 선동가였던 히틀러는 악센트가 강하고 톤이 높은 목소리로 군중을 선동했습니다. 청중을 설득하고 행동하게 하려면 듣는 이가 긴장하도록 톤을 높여 강하게 말해야 합니다. 반대로 중요한 대목에서 일부러 작고 낮은 목소리를 내면 청중의 관심을 더욱 집중시킬 수도 있습니다.

P "결론적으로" 청중을 매료시키려면 상황에 따라 적절한 목소리를 낼 줄 알아야 합니다.

오늘의 트레이닝

● 다음 제시된 주제에 따라 OSC 구성법에 맞추어 간단히 개요를 작성한 후, 스피치를 완성해봅시다.

스피치에 대한 나의 목표

Opening	
Storytelling	
closing	

● 다음 제시된 주제를 OPREMP 구성법에 맞추어 간단히 개요를 작성한 후, 스피치를 완성해봅시다.

나의 인생관이나 가치관에
영향을 끼친 인물이나 사건

Opening	
Point	
Reason	
Example	
Move & Point	

아래 제시된 주장을 PREP 법칙에 따라서 말해봅시다.

주장 : 저는 이 일(자신의 업무)을 잘할 수 있습니다.

Point

Reason
왜냐하면

Example
예를 들어서

Point
결론적으로

SECRET 6

Opening 기법

오프닝으로 이기고 시작하라

스피치를 할 때 가장 긴장되는 순간은 언제인가? 많은 사람이 스피치를 하기 직전과 직후라고 대답한다. 자리에 앉아 있다가 앞으로 걸어 나와 말을 시작하는 초반, 가장 떨리는 순간인 만큼 호흡 조절조차 어렵다. 하지만 어떻게든 순조롭게 지나가면 곧 자신의 페이스를 찾고 준비한 만큼의 기량을 잘 발휘할 수 있다.

그런데 만일 긴장이 심한 나머지 오프닝에서 말을 버벅거리거나 내용을 잊어버리는 실수를 한다면? '아, 이번 스피치는 망했다…'라는 생각에 사로잡혀, 어서 끝내고 싶은 마음에 말이 빨라지고 허둥지둥 마무리를 하게 된다. 그러고는 고개를 푹 숙인 채 자리로 돌아왔던 민망한 경험, 발표를 해본 사람이라면 누구나 한 번쯤은 있을 것이다. 이러한 이유 때문에 초반을 순조롭게 시작하는 것은 스피치 전개상 매우 중요하다. 반드시 오프닝만큼은 실수가 없도록 달달 달, 수도 없이 반복 연습을 해야 한다.

오프닝은 청중과의 첫 만남이자, 발표자의 이미지와 스피치에 대한 기대치가 형성되는 아주 중요한 순간이다. 좋은 이미지와 높은 기대감이 있어야 청중은 초반에 집중을 하고 듣는다. 초반부터 흥미를 느끼지 못하는 청중이 마지막에 집중할 수 있을까? 그런 일은 절대 일어나지 않는다. 이 스피치를 주의 깊게 들을 것인지 말 것인지는 초반에 모두 결정되는 것이다. 따라서 오프닝에서 청중을 확 끌어당길 만한 흥미로운 장치가 반드시 있어야 한다. 스피치 전체에서 오프닝이 차지하는 분량은 불과 10~20%지만, 그 중요도는 90% 이상이라 해도 과언이 아니다.

그런데 이러한 오프닝의 중요성을 모른 채 본론으로 급급하게 들어가는 아마추어들이 우리 주변엔 상당히 많다.

"안녕하십니까? 김민수입니다. 지금부터 발표를 시작하겠습니다. 발표의 순서는 다음과 같습니다."

이렇게 시작하는 스피치를 우리는 수도 없이 들어왔다. 이미 익숙해서 더 이상 이상하게 느껴지지도 않는다. 하지만 흥미도 재미도 임팩트도 없어 심심하다. 우리의 목표는 평범한 발표가 아니다.

프로와 아마추어는 시작부터 다르다. 프로는 청중의 주목을 끌면서 기대감을 높이는 오프닝을 철저하게 계획한다. 다음 3가지 오프닝 방법을 익힌다면, 당신도 청중의 호기심어린 얼굴과 마주하며 신나게 스피치를 시작할 수 있게 될 것이다.

Skill 1

청중에게 질문을 던져라

초반의 긴장감을 빠르게 누그러뜨리면서 청중을 나의 스피치 속으로 들어오게 하는 가장 쉬운 방법은 질문을 던지는 것이다. 누구나 긴장하기 마련인 퍼블릭 스피치 상황, 특히 나 혼자 앞에서 떠들고 있다는 생각이 들면 정말 쑥스럽고 어색하다. 강의를 10년 이상 해온 나 역시도 초반의 어색함, 낯선 느낌은 늘 있다. 이때 주제와 관련된 간단한 질문을 청중에게 던지면 도움이 된다. 내게로만 쏟아지던 따가운 시선과 경직된 분위기가 환기되며 나의 쑥스러움도 다소 누그러진다.

> "오늘의 주제는 청중을 매혹시키는 프레젠테이션 스킬입니다. 요즘 수많은 회사에서 직원들을 대상으로 적극적으로 발표 기술에 대한 교육을 진행하고 있습니다. 대체 프레젠테이션이 뭐기에 그렇게 중요하게 생각하는 걸까요?"

이렇게 질문을 던지면 청중은 그에 대한 대답을 각자 생각하면서 스피치 주제 안으로 자연스럽게 발을 내딛게 된다. 개중에 적극적인 사람들은 큰 소리로 답변을 해서 전체적인 분위기를 활기차게 만들어주기도 한다. 발표자에겐 가뭄의 단비처럼 아주 고마운 사람들이다.

인원이 많아서 개개인의 답변을 듣기 어려운 상황에서는 쉬운 질문을 던져보라. 청중이 손을 번쩍 들고 참여하게 하는 방법도 효과적이다.

"여러분, 많은 사람 앞에서 말을 할 기회가 요즘 많으시죠? 이때, 나는 전혀 떨지 않고 당당하게 내 할 말은 한다! 하시는 분, 손들어보세요. 우와! 몇 분이 손을 드셨네요. 대단하신 분들입니다. 그럼 반면에 나는 사람들 앞에 서면 다리가 후들거리고 머릿속이 하얘진다! 하시는 분? 하하, 대부분 손 드셨네요. 감사합니다. 제가 오늘 그런 여러분의 고민을 해결해드리려고 이 자리에 온 것 아니겠습니까?"

물론 질문의 종류나 청중의 성향에 따라서 대답이 없을 수도 있다. 이때는 당황하지 말고 스스로 준비한 답을 예로 제시하면서 자신의 생각을 펼쳐나가면 된다. 대답이 없더라도 청중은 마음속으로 답을 생각하고 있으며, 발표자가 내게 말을 건네고 있다고 느끼니 걱정하지 않아도 된다.

Skill 2

공감할 만한 문구를 인용하라

유명하거나 공신력 있는 사람의 말, 속담, 고사성어 등을 인용하면서 스피치를 시작하는 기법이다. 스피치 주제를 전체적으로 아우르면서도 이에 대한 관심을 불러일으킬 수 있는 문구를 초반에 적절하게 사용하면 아주 쉽게 인상적인 오프닝을 할 수 있다. 나는 인용을 할 때 명언의 중요 단어는 빈칸으로 만들어, 청중이 스스로 답을 찾는 질문을 하기도 한다.

예를 들어, 발표 불안증을 극복하고 스피치를 잘하는 방법에 대한 강의를 하면서 오프닝을 다음과 같이 여는 것이다.

> "여러분, 에머슨이 이런 말을 했습니다. '두려움은 언제나 (   )에서 샘솟는다'라고요. 이 빈칸에 어떤 말이 들어갈까요?"

빈칸에 대한 청중의 다양한 얘기를 들어본 뒤, 정답을 천천히 공개하는 것이다.

> "네, 여러분의 답변 모두 일리가 있습니다. 그런데 에머슨이 한 말은 이렇습니다. '두려움은 언제나 무지에서 샘솟는다'라고요. 스피치를 떠올리면 아마도 다들 막연하게 두려우실 거예요. 왜 그럴까요? 잘하는 방법을 모르기 때문입니다. 하지만 핵심방법을 알고 행하면 두려웠던 스피치가 재밌어집니다. 오늘 그 노하우를 공개하겠습니다."

적절한 속담을 인용한 오프닝 역시 청중의 공감을 끌어낼 수 있다.

> "속담에 '10년 적공이면 한 가지 성공을 한다'는 말이 있습니다. 무엇이든 10년간 열심히 갈고 닦을 때 한 분야에서 성공할 수 있다는 뜻이겠죠. 전문가가 되기 위해 10년의 시간은 반드시 필요합니다. 오늘은 우리 W사의 전문적인 컨설턴트가 되실 신입사원 여러분께서 앞으로 10년 후를 바라보며 어떤 준비를 해나가야 하는지 알려드리겠습니다."

Skill 3

연관 있는 일화나 시사 이슈를 말하라

주제와 관련 있는 일화나 최근 시사 이슈를 언급하면서 초반에 관심을 불러일으키는 방법이다. 처음 들어봄직한 흥미로운 일화로 스피치를 시작하면 사람들은 쉽게 그 주제에 재미를 느끼고 빠져들게 된다. 간략한 스토리텔링은 본론뿐만 아니라 서론에서도 가볍게 그 시작을 여는 역할을 톡톡히 한다. 특히 최근에 일어난 크고 작은 사건과 현 시국 등 모두가 잘 알고 관심 있을 법한 내용이라면 공감대가 잘 형성되어 청중과 일체감을 느낄 수가 있다. 사람들은 잘 알거나 재미있는 이야기, 사건에는 쉽게 몰입하기 마련이다.

"요즘 뉴스를 보면 '갑의 횡포'라는 말이 많이 나옵니다. 한 항공사의 회항 사건부터 백화점 주차장에서 고객과 주차요원의 사건까지, 강자와 약자 간에 벌어진 사건들이 많았죠. 이 시대를 힘겹게 살아가고 있는 많은 '을' 입장의 사람들이 피해자들의 입장에 공감하며 갑의 횡포에 반발하는 목소리가 높아지고 있습니다. 하지만 우리도 생활하다보면 우리보다 약한 자들 앞에서 '갑'의 위치에 서게 될 때가 있습니다. 과연 우리는 그 자리에서 사회 지도층에게 요구하는 '갑의 아량'을 베풀 준비가 되어 있을까요?"

인간은 누구나 어린아이 같은 반짝이는 호기심이 있다. 초반에 청중의 관심을 끌기 위해서는 이러한 호기심을 슬쩍 건드려주기만 하면 된다. 위에서 제시한 방법 외에 주제와 관련 있는 사진이나 그림, 동영상을 보여주거나 음악을 들려주면서 청중으로 하여금 '저게 뭘까?' '저걸 왜 보여주지?' 하는 관심을 갖도록 하는 방법도 있다.

이 밖에도 창의력을 발휘해 얼마든지 자신만의 독창적인 오프닝을 개발할 수 있다. 스피치 시작의 중요성을 인지하고 청중을 단번에 몰입시키는 당신의 특별한 한마디, 새로운 오프닝 장치를 반드시 준비하라. 스피치 초반, 청중이 당신에게 보내는 눈빛과 표정에 담긴 기대를 읽는 순간, 당신의 마음가짐 또한 달라질 것이다. 이들을 만족시켜주고 싶은 열렬한 욕구가 샘솟으며 더 열정적으로 스피치에 임하게 된다. 이것이 특별한 오프닝을 준비해야 하는 또 다른 이유다.

오늘의 낭독

다음 글은 청중의 주의와 흥미를 끌기 위한 오프닝 기법을 보여주고 있습니다. 큰 소리로 낭독하며 자연스럽게 그 기법을 익혀봅시다.

국내의 모 교회에서 가진 세미나에서 존 맥스웰은 무대에 오르자마자 간단한 인사를 한 다음에 곧바로 질문을 하기 시작했다.

"여러분 중 목사님은 몇 분이나 계십니까?"

"여러분 중 선생님은 몇 분이나 계십니까?"

"여러분 중 공무원은 몇 분이나 계십니까?"

청중을 향해 이런 질문들을 던졌다. 그러면서 마지막 질문으로 "여러분 중 인생에 대해 진지하게 생각해보신 분들은 몇 분이나 계십니까?"라고 강연의 주제를 넌지시 던지면서 너무나 자연스럽게 청중의 참여를 유도했다.

한번은 존 맥스웰이 교회를 다니지 않는 일반인들을 대상으로 리더십 강의를 마칠 때, 모임의 리더 중 한 사람이 손을 들고 질문을 했다.

"맥스웰 씨, 당신은 어디서 그런 리더십의 재료를 얻었나요?"

존 맥스웰은 "아마 알고 싶지 않으실 텐데요"라고 대답했다. 그러자 그 리더는 "아뇨, 진짜 알고 싶어요"라고 말했다. 존 맥스웰은 "아닐걸요. 알고 싶지 않으실 텐데"라고 뜸을 들였다. 마침내 모든 참석자가 알고 싶다는 분위기가 감돌 때, "저는 그 모든 재료들을 다 성경에서 얻습니다"라고 말했다.

_박정길 | 비전코리아 | 《1% 다른 스피치》에서

스피치 예문

내 인생에 힘이 되어준 말 한마디

'한마디 말은 침묵보다 가치가 있어야 한다.' 정호승 시인의《내 인생에 힘이 되어준 한마디》에 나오는 말입니다. 여러분 인생에 힘이 되어준 말 한마디는 무엇이었나요? 저는 오늘 제가 가장 힘들었던 시기에 힘이 되어준 말 한마디를 여러분께 소개하려고 합니다.

저는 대학교 4학년 때 취업을 준비하면서 수많은 실패를 경험했습니다. 서류를 거의 100통 이상 썼지만 처음에는 단 한 군데도 통과하지 못했고, 반년 후 또다시 100통의 서류를 닥치는 대로 써봤지만, 면접을 본 회사는 두어 군데에 불과했습니다. 시간은 점점 흐르고 주변 친구들이 취업했다는 소식을 들을 때마다 제 마음은 답답하고 초조해졌습니다. 저만 뒤처지는 것 같았고, 아무것도 할 수 없을 것 같은 두려움에 사로잡혔지요. 눈앞의 현실을 외면하고 싶은 마음에 자격증 공부를 하고 있던 중 우연히 한 방송을 보게 되었는데요, 그 방송에서《청춘경영》이라는 책의 한 구절을 들었습니다.

'청춘은 다시 돌아오지 않는다. 독기를 품고 다시 돌아오지 않는 청춘을 위해 노력하고 노력하라!'

방송을 통해 들은 책의 한 구절이었지만, 마치 저에게 하는 말 같았습니다. 듣자마자 실패 앞에서 숨는 제 자신이 부끄러워졌고, 다시 용기를 내 도전하고 싶었습니다. 그래서 저는 그날, 제 책상 앞에 이 문구를 크게 써서 붙여놓았습니다. 달라진 마음가짐으로 하루하루 목적의식을 가지고 노력했더니 얼마 지나지 않아 원하는 회사에 최종 합격할 수 있었습니다.

여러분, 지금 여러분이 누리고 있는 청춘은 다시 돌아오지 않습니다. 실패를 두려워하지 마십시오. 다시 오지 않을 청춘을 한번 독하게 살아보는 건 어떨까요? 여러분, 파이팅입니다!

오늘의 트레이닝

● 제시문의 내용을 바탕으로 질문, 인용구, 일화를 활용한 스피치 오프닝을 만들어 봅시다.

<제시문>

우리는 하루를 소중히 여겨야 합니다. 지나간 시간은 돌아오지 않습니다. 오늘 하루 주어진 시간을 소중히 여기고 120% 활용한다면, 그 하루하루가 우리에게 멋진 삶을 또다시 선물할 것입니다.

● 질문으로 스피치를 시작해봅시다.

● 인용구를 활용해 스피치를 시작해봅시다.

● 일화를 넣어 스피치를 시작해봅시다.

SECRET 7
Storytelling

스토리텔링의 힘을 믿어라

말 잘하는 사람들의 두드러진 특징 중 하나는 저마다의 이야기보따리가 많다는 점이다. 이런저런 다양한 이야기를 참 세세하게 잘도 기억하고 말한다. 줄기차게 쏟아지는 이야기에 청중은 정신없이 쏙 빠져들게 된다. 다른 생각이 끼어들 틈이 없다. 그들은 자신이 직접 경험한 이야기, 남에게 들은 이야기, 어디선가 보고 읽은 이야기를 조물조물 재미있는 형태로 각색해서 들려준다. 그런 이야기꾼은 어디서나 환영받는다. 주변 사람들을 즐겁게 만들어주기 때문이다.

일상 대화뿐만이 아니라 요즘은 마케팅, 광고, 프레젠테이션 할 것 없이 모두 '스토리텔링'을 해야 한다고 외친다. 스토리텔링(Story-telling)은 말 그대로 '상대방에게 말하고자 하는 바를 재미있고 생생한 이야기형식으로 설득력 있게 전달하는 것'이다. 스피치에 스토리텔링이 첨가되면 이야기라는 형식 자체가 흥미롭기 때문에 청중은 쉽게 몰입하게 된다. 어린 시절, 뜨끈뜨끈 아랫목에서 할머니의 무릎을 베고 듣던 구수한 옛날이야기처럼 말이다.

나 역시 강의를 할 때 가장 신경 쓰는 부분이 바로 스토리텔링이다. 좋은 스토리가 청중을 집중하게 만들고 설득하는 힘이 있다는 것을 잘 알기 때문이다. 발표불안증이 있던 내가 아나운서가 되고 스피치 강사가 되기까지의 이야기, 방송과 강의를 하면서 저지른 웃지 못할 실수담, 내가 가르쳤던 수강생의 멋진 변화 스토리 등을 곁들일 때 청중의 눈빛은 반짝거린다. 내 이야기에 빠져들어 나와 같은 표정을 짓고 고개를 끄덕이며 공감하는 청중을 보면, 그들의 마음이 내게로 움직이고 있다는 것이 느껴진다. 좋은 스토리는 이렇게 발표자와 청중 사이를 잇는 좋은 다리 역할을 한다.

반면 단편적 사실, 이론만을 전개하면 사람들은 금세 하품을 하며 지루함을 느낀다. 골격만 있는 이론 나열형의 스피치는 무미건조하고 재미없기 때문이다. 이론은 책을 통해서 얼마든지 더 깊이 알 수 있다. 우리가 모인 이유는, 뜨거운 가슴을 가진 이가 들려주는 살아 숨 쉬는 이야기를 듣고 싶기 때문이다. 마음을 톡 건드려주고, 상상력을 자극하는 스토리 말이다. 차가운 이성보다는 따뜻한 감성을 터치해 마음을 말랑말랑하게 만들어 버리는 것. 이것이 스토리의 힘이다. 스토리텔링이 제대로 진가를 발휘하려면 다음 3가지 단계를 실행하면 된다.

Skill 1

나만의 매혹적인 경험을 선택하라

핵심메시지를 잘 전달할 수 있는 매혹적인 경험을 선택해야 한다. 이때 사용할 수 있는 이야기는 무궁무진한데 그중에서도 가장 진정성 있게 전할 수 있는 것은 바로 '나의 경험'이다. 타인의 이야기가 아닌 '나의 이야기'가 내용 면에서도 훨씬 참신한데다 내가 겪은 것이기 때문에 더욱 자신감을 갖고 말할 수 있다. 메시지 자체가 보편성을 담고 있는 경우라도 이를 뒷받침하는 이야기가 나만의 이야기라면 당연히 차별성을 갖게 된다.

그렇다면 수많은 나의 경험 중에 과연 어떤 것이 가장 매혹적일까? 정답은 청중에게 '공감'과 '감동'을 불러일으키는 이야기다. 우리는 상대방과 같은 경험을 공유할 때 공감대가 형성된다. 즉 누구나 겪어봤을 법한 경험담을 말할 때 청중은 마치 자신의 이야기로 느끼면서 스피치에 몰입하게 된다. 공감 가는 이야기는 청중과 발표자 사이의 보이지 않는 벽을 허물고 친근감을 유발한다. 청중의 입장에서 생각해보라. 내가 청중이라면, 무슨 이야기에 공감하고 웃겠는가?

청중을 쉽게 감동시킬 수 있는 이야기로는 대표적으로 성공이나 실패의 경험이 있다. 꾸준한 노력을 통해 성취감을 맛본 이야기, 남들이 하지 않는 새로운 분야에 도전해 성공한 이야기, 실패와 좌절을 반복하다 마침내 크게 성공한 경험 등은 청중에게 부푼 희망과 기대감을 안겨준다. '나도 열심히 하다보면 저런 날이 오겠지?' '힘들고 어려운 과정 끝에 좋은 날이 오다니, 정말 감동적이야!' 이렇게 청중은 자신의 상황에 대입하며 듣는다. 청중 스스로 '나도 잘 해낼 수 있어! 다시 한 번 해보자!' 하는 희망을 품는다면 그 스피치는 성공이다.

간혹 "저는 평범하게 살아와서 특별한 이야깃거리가 없어요."라고 말하는 사람들이 있다. 그러나 여기서 말하는 스토리는 누가 봐도 거창하고 대단한 이야기만을 말하는 것이 아니다. 일상생활에서 겪는 소소한 일일지라도 어떤 의미를 부여해 어떻게 말을 하는지에 따라 얼마든지 공감과 감동을 불러일으킬 수 있는 법이다. 얼마 전 친구와 행복을 주제로 대화를 나누다가 친구가 이런 이야기를 했다.

"놀이터에서 신나게 놀고 있는 아이들을 보면서 놀란 적이 있어. 아이들 표정이 어찌나 해맑고 행복한지 그 순간에 진짜 몰입한 모습이었어. 나는 대체 언제 저런 몰입의 즐거움을 느껴봤나 하는 생각이 들더라. 행복은 결국 몰입에 있는 것 같아."

일상 대화지만 얼마든지 내용을 확장시켜서 퍼블릭 스피치로 멋지게 만들 수 있다. 이처럼 평상시 내가 보고 느낀 것, 경험한 것, 들은 것, 읽은 것 등을 그에 대한 짤막한 감상과 함께 적어두는 나만의 스토리 모음집을 만들어보는 건 어떨까? 어떤 자리에서든 푸짐한 이야기보따리를 풀어놓을 수 있는 훌륭한 스토리텔러가 되는 비법이다.

Skill 2

이야기에 생생한 숨결을 불어넣어라

청중이 공감하고 감동할 수 있는 나만의 매혹적인 경험을 선택했다면, 이제는 이를 흥미롭게 각색할 차례다. 나의 경험을 사실 위주로 말하는 것은 정보 전달, 사례의 언급일 뿐이다. 스토리텔링에는 인과관계를 포함한 흐름이 있어야 한다. 스토리텔링은 청중의 머릿속에 내 이야기를 생생하게 그림으로 그려주는 작업이다. 즉, 청중과 함께 그 현장으로 여행을 떠나는 것이다. 어떻게 하면 청중이 나와 함께 즐거운 여행을 떠날 수 있을까?

늦은 나이에 다니던 회사를 그만 두고, 작사가의 꿈을 이룬 경험을 이야기한다고 가정해보자.

"저는 회사를 다니던 중, 작사가가 되고 싶다는 꿈을 꾸게 되어 회사를 관두고 전업을 했습니다. 그래서 마침내 꿈을 이루었습니다."

이처럼 단편적 사실만 말하면 재미도 감동도 없다. 여기에 구체적인 상황묘사와 극적요소를 더해 생생한 숨결을 이야기에 불어넣어야 한다.

"저는 남들이 다 부러워하는 대기업에 졸업을 함과 동시에 입사했습니다. 어렸을 때부터 글 쓰는 걸 좋아했는데 작가는 힘들고 벌이도 안 좋다며 부모님의 반대가 심하셨어요. 결국 부모님의 뜻을 꺾지 못하고 평범한 직장인의 길을 걷게 되었습니다. 그런데 하루하루 바쁘게 살아가던 중 어느 날 갑자기 '내가 이 일을 왜 하고 있나' 하는 생각이 들었습니다. 재미도 없고 그저 매달 들어오는 월급을 받기 위해 일하는 기분이었습니다.

그래서 기분 전환도 할 겸 주말마다 작사 수업을 듣게 되었는데, 그 시간만큼은 정말 지친 심신이 치유되는 느낌이었습니다. 워낙 글쓰기를 좋아했지만, 제가 쓴 글이 음악의 선율을 타고 흘러나오는 것을 직접 듣는 것은 정말 즐거웠습니다. 그러면서 '아! 내가 만약 평생 작사가로 살 수 있다면 정말 행복하겠다'라는 생각이 들었고 본격적으로 배워보고 싶었습니다.

퇴사를 하고 작사가가 되겠다고 부모님께 말씀드리자 두 분은 펄쩍뛰시며 취미로만 하라고 말리셨고, 친구들도 왜 그 좋은 회사를 그만두려 하냐며 나중에 분명 후회할 거라고 겁을 줬습니다. 하지만 저는 뒤늦게 찾은 제 꿈을 남들의 말 때문에 포기하고 싶지 않았습니다.

과감하게 그 달에 바로 사직서를 내고 작사 수업을 받았습니다. 매일 혼자 습작을 하고, 여러 군데에 제가 쓴 글을 보내며 몇 달을 무직 상태로 보냈습니다. 하지만 정확히 1년 후 저는 무명 가수의 음반에 작사가로 참여할 수 있었습니다. 그 곡이 히트를 한 건 아니지만, 꿈에 첫 발을 내딛은 희열은 정말이지 말로 표현할 수가 없었습니다."

이 스토리에서 핵심은 늦은 나이에 꿈을 찾은 사건의 발단, 회사를 그만두는 과정에서의 시련과 갈등, 그리고 꿈을 이루었을 때의 희열이다. 마지막에 감동이 극대화되기 위해서는 회사생활이 자신에게 얼마나 의미 없게 느껴졌는지, 꿈을 찾고자 했을 때 주변의 반대가 얼마나 심했는지 등이 구체적으로 표현되어야 한다. 즉, 스토리의 기승전결이 있어야 하고, 반드시 갈등상황과 극복의 과정이 있어야 재미와 감동이 있다.

Skill 3

스토리와 메시지를 연결하라

나의 경험담을 흥미로운 스토리로 생생하게 말한 이후엔 애초에 청중에게 말하고자 했던 것, 즉 메시지와 연결시켜야 한다. 스토리텔링은 간접적인 설득이다. 메시지를 강력하게 주장하기보다는 일단 스토리를 흥미롭게 전개하고 마지막에 자신이 정말 전하고 싶은 메시지로 부드럽게 연결시키는 것이 중요하다.

이야기를 들으며 청중은 자연스럽게 자신의 입장과 상황에 대입해서 나름의 결론에 도달하게 되고, 이는 발표자가 처음 계획한 대로 대체로 비슷한 깨달음으로 귀결된다. 이때 다시 한 번 함께 생각해봐야 할 점에 대해 언급함으로써 우리 모두가 같은 주제 안에서 공감대가 형성되었음을 확인하는 것이다.

ABC뉴스 서울 지국장 조주희 기자는 어린 시절 미국 유학에 도전한 이야기, 영어라는 장벽에 부딪혔지만 용기를 가지고 이를 극복한 경험과 깨달음이 담긴 강연을 한 적이 있다.

"대학교 들어가자마자 혼자 토플 공부를 하며 미국 유학 준비를 했습니다. 어렵게 미국에 갔는데 글쎄, 교수님이 하시는 말씀을 잘 못 알아듣겠더라고요. 첫 중간고사 성적표를 받아보니 C, D를 받아서 매우 당황스러웠습니다. 그래서 전 교수님을 찾아가서 잘 못 알아듣겠다고 솔직히 말씀드렸습니다. '질문을 하고 싶어도 영어 문장을 생각하다보면 그동안 다른 친구들이 질문을 하고, 그러다보니 3시간 동안 한마디도 못하게 되는데 그건 결코 제가 공부에 대한 의욕이 없어서가 아닙니다'라고 털어놓으니, 다음 시간부터 교수님께서 '주희, 너는 어떻게 생각하니? 네가 말하고 싶은 것이 이것이니 아니면 이것이니?'라며 도와주셨습니다. 처음에는 저 때문에 수업이 늦어지자 반 친구들이 답답해했지만 나중에는 친구들조차 제가 말할 때 조금씩 도와주어 수월하게 학기를 보낼 수 있었습니다. 그러면서 깨달은 것이, 문지방을 넘는 것이 중요하다는 교훈이었습니다. '일단 용기를 가져야겠다. 한번 그 선을 넘으면 편해지는데, 그 선을 우선 넘는 연습을 해야겠다'라는 생각을 했습니다."

이렇듯 스토리텔링을 한 이후엔 그 경험을 통해 깨달은 점, 자신이 진짜 하고 싶은 말을 마지막에 언급함으로써 스토리와 메시지를 연결시켜야 한다. 그래야 스토리를 통해 활짝 열린 청중의 마음속에 당신의 메시지가 쏙 들어가게 된다.

오늘의 낭독

다음 글을 소리 내어 낭독하며 자연스럽게 스토리텔링을 익혀봅시다.

스물여덟 살에 아이와 단둘이 남은 이혼녀가 있었다. 정부에서 빈곤층 생활보조금을 받으며 근근이 살아갔다. 그런데 이 여인이 어느 날 작가가 되겠다며 유모차를 밀고 동네 카페에 나가 글을 쓰기 시작했다. 꿈은 가상하지만, 원고를 다 쓰고도 복사비가 없어서 8만 단어나 되는 글을 일일이 처음부터 다시 타자기로 입력해야 할 정도로 현실은 비참했다. 주위에 이렇게 막무가내인 사람이 있다면 계속 열심히 해보라고 격려해줄 수 있을까? 일단 최소한의 생활비라도 벌면서 생활을 먼저 수습하라고 충고하게 되지 않을까?

그러나 바로 이 여인이 훗날《해리포터》시리즈로 영국 여왕보다 더 큰 부자가 된 조앤 롤링이다. 하버드대 졸업식 축사에서 그녀는 이렇게 말했다.

"실패는 삶에서 불필요한 것들을 제거해준다. 나는 내게 가장 중요한 작업을 마치는 데에 온 힘을 쏟아부었다. 그런 견고한 바탕 위에서 나는 인생을 재건하기 시작했다. 스스로를 기만하는 일을 그만두고 정말 중요한 일을 시작하라."

하루 종일 몸을 움직이면 1미터를 갈 수 있는 애벌레가 죽기 전에 10킬로미터를 이동하려면 어떻게 해야 할까? 더 열심히 몸을 꿈틀거려야 할까? 아니다. 리셋해야 한다. 나비로 변해 훨훨 날아가야 한다.

가난하고 비참했던 조앤 롤링은 자신의 처지에 매몰되지 않고, 어느 날 마법사의 빗자루를 타고 다른 세상으로 날아올랐다. 불필요한 껍질을 모두 벗어버리고 진정한 변신을 위해 집중했다.

연연하는 것을 놓아버리면, 삶은 가슴 벅찬 도전이 된다.

삶을 리셋하고 싶은가? 아직 늦지 않았다.

놓아라.

준비하라.

그리고 시작하라.

_김난도 | 오우아 | 《천 번을 흔들려야 어른이 된다》에서

스피치 예문

배움의 태도로 인생을 대하자

'세 사람이 행하면, 반드시 내 스승이 있다.'

〈논어〉에 나오는 공자의 말입니다.

어디서든, 누구에게든 배울 것이 있고, 늘 배우려는 자세가 중요하다는 뜻이지요. 우리는 언제나 배움의 태도로 인생을 대해야 합니다. 깨달음의 순간은 우연히, 가까운 곳에서 만날 수 있기 때문입니다.

고 정주영 회장도 많은 깨달음을 우연한 순간에 얻었다고 합니다. 정주영 회장이 젊은 시절, 식당에서 종업원 생활을 할 때였습니다. 그는 밤마다 식당의 식탁을 붙여놓고 눈을 붙였답니다. 그런데 언젠가부터 온갖 벌레들이 식탁다리를 타고 올라와서 그의 몸으로 기어오는 겁니다. 깊은 잠에 들려고 하면 벌레 때문에 깨고 잠들고를 반복하면서 편안하게 잠을 잘 수 없었습니다.

그러다가 좋은 생각이 났습니다. 식탁의 네 다리에 물을 가득 담은 양동이를 받쳐 놓은 겁니다. 벌레가 물에 들어갈리 없으니 식탁으로 올라올 수도 없게 된 거죠. 그런데 그날 밤은, 세상에…! 벌레가 얼굴로 떨어지더랍니다. 뜨악하며 놀라 불을 켜보니까 벌레가 다리로 올

라오지 못하니 벽을 타고 천장으로 올라가서 한 마리씩 아래로 떨어진 겁니다.

이 순간 그는 큰 깨달음을 얻습니다.
'일개 미물인 벌레도 저렇게 살기 위해 발버둥을 치는데 사람으로 태어나서 어떤 노력도 하지 않고 산다는 것은 정말 부끄러운 일이다.'
그는 이때 삶에 대한 열정을 배웠다고 합니다. 그리고 이런 열정과 추진력을 바탕으로 많은 힘든 순간들을 견뎌냈다고 합니다.

정주영 회장이 작은 것에서도 인생에 대한 열정을 깨달았듯, 우리도 우연히 찾아오는 깨달음의 기회를 놓치지 않고, 늘 자신을 돌아봐야 합니다. 깨달음의 순간은 우리 가까이에 있습니다. 이러한 배움의 태도로 인생을 대한다면 더욱 의미 있고 값진 인생을 살아갈 수 있지 않을까요?

오늘의 트레이닝

● 역경을 딛고 성공을 이룬 나의 경험담으로 다음 스피치의 스토리텔링 부분을 완성해봅시다.

Opening	안녕하십니까? ______입니다. 저는 오늘 우리 모두가 꿈꾸는 성공에 대해 말하고자 합니다. 스티브 잡스, 김연아 선수, 방송인 유재석 씨. 모두가 성공했다고 생각하는 사람들입니다. 하지만 이 사람들의 성공은 거저 찾아온 것이 아닙니다. 모두 자신의 분야에서 끊임없는 역경과 실패를 겪은 끝에 지금과 같은 성공을 이룰 수 있었습니다. 성공은 역경 끝에 찾아온 열매인 셈이지요.
Storytelling (나의 경험담)	

closing (위 경험을 통해 얻은 깨달음)	이 경험을 통해 저는 ______________________ 라는 깨달음을 얻었습니다. 여러분, 지금 어려움을 겪고 계시다면 이 깨달음을 꼭 기억하시고, 이후에 열매로 맺힐 달콤한 성공을 기다리며 힘내시기 바랍니다. 감사합니다.

SECRET 8
ECN 법칙

이그잼플(E), 사이트(C), 넘버(N)를 기억하라

말을 설득력 있게 한다는 것은 무엇일까? 설득이란 상대방을 이해, 공감시켜서 생각이나 태도, 행동을 변화시키는 것을 말한다. 큰 범주에서 보면 부드러운 미소를 지어서 상대에게 좋은 이미지를 주는 것, 낮고 신뢰감 주는 목소리 톤으로 말하는 것, 깨달음을 주는 감동적인 스토리를 활용하는 것도 설득력을 높이는 방법이다. 그 밖에 스킬적인 측면으로 접근하면 미리주기, 문전걸치기, 양보하기, 이익제시 등 구체적인 설득기법들이 상당히 많다.

어렵고 복잡해서 다 외울 수도 없는 기법 따윈 접어두고, 실생활에서 바로 써먹을 수 있는 딱 3가지만 당신에게 제시하겠다. 예를 들고(Example), 인용을 하고(Cite), 숫자를 제시(Number)하는 방법이다. 앞 글자를 따서 'ECN 법칙'이라 이름 붙여봤다.

설득의 달인, 홈쇼핑 쇼호스트의 말을 귀 기울여 들어보라. ECN 법칙이 거의 모든 멘트에 자연스럽게 녹아들어 있다는 사실을 깨닫게 될 것이다.

> "여성분들은 다 아실 텐데요, '화장은 하는 것보다 지우는 것이 더 중요하다'라는 말이 있지요.(cite) 그래서 무엇보다도 클렌징 제품을 잘 사용하셔야 하는데요. 이 기기는 진동칫솔처럼 1초에 300회 진동을 해서 세안을 해주기 때문에 손 세안보다 2~10배나 효과가 있습니다.(number) 헐리웃 배우 안젤리나 졸리, 기네스 펠트로가 사용하고 있고, 최근에는 씨스타가 방송에서 추천을 해서 크게 화제가 되기도 했습니다.(example)

어떤가? 무조건 "이 제품 정말 좋아요! 꼭 써보세요!"라고 100마디 외치는 것보다 한두 가지 근거만 제대로 들어도 설득력이 확실히 높아진다.

단, 근거는 주제와 관련 있는 내용이어야 하고, 출처가 분명해서 신뢰할 수 있는 것이어야 한다. 적절하고도 흥미를 끄는 다양한 근거는 청중의 관심을 붙잡아두고 오래 기억할 수 있도록 돕는다. 감성적인 표현이 상대의 마음을 흔들어 뜨겁게 한다면 논리적인 근거는 상대의 이성을 점령하여 고개를 끄덕이고 수긍하게 만든다. 이토록 강력한 힘을 발휘하고 싶다면 다음 ECN 법칙을 하나씩 제대로 익혀보자.

Skill 1

구체적 사례 (Example)를 들어라

내가 강의를 하면서 입버릇처럼 하는 말이 있는데, 바로 "예를 들어서"이다. 주요 핵심내용을 제시하고 나면 이를 청중이 잘 이해할 수 있도록 풀어주어야 하는데, 이때 가장 쉽게 설명할 수 있는 방법이 사례를 들어 말하는 것이기 때문이다. 준오헤어의 강윤선 대표 역시 사례를 들어 다음과 같은 말을 한 적이 있다.

"행동은 감정을 앞섭니다. 예를 들어 '책을 읽어야겠다'라는 생각을 늘 하고는 있지만, 책을 펼치지 않으면 책을 읽을 수가 없지요. '운동해야겠다!'라는 생각을 우리는 늘 하지만, 실제로 몸을 움직여 운동하지 않으면 영영 할 수가 없습니다. 반대로 책을 읽기 싫다가도 일단 읽기 시작하면 책 속에 빠져드는 경험, 다들 해보셨을 겁니다. 운동하기 싫었다가도 일단 런닝머신 위에서 뛰기 시작하면 운동하는 느낌에 기분이 굉장히 좋아집니다. 이처럼 행동이 느낌을 앞서는 법입니다. 하기 싫은 감정이 있어도 행동을 먼저 하면 감정이 따라온다는 거죠."

이처럼 하나의 주장을 하고 "예를 들어서"라는 말로 청중이 수긍할 만한 사례를 제시하라. 사례 제시 후에는 다시 한 번 주장을 언급하면서 강조하는 것이다. 사례로는 내가 직접 경험한 것, 다른 사람에게 들은 이야기, 신문이나 잡지, 책에서 읽은 내용, 텔레비전이나 라디오에서 보고 들은 것 등을 모두 사용할 수 있다.

스피치가 아닌 일상 대화를 나눌 때에도 상대의 말이 잘 이해되지 않을 때, 우리는 "예를 들면요?"라고 묻는다. 따라서 상대의 눈높이에서 가장 이해하기 쉬운 사례를 찾는 것이 중요하다. 같은 주장이더라도 청중에 따라 다른 사례를 찾아야 할 때도 많다.

청중은 "예를 들어서"라는 말에 단번에 귀를 쫑긋 세우고 집중한다는 사실을 기억하라. 하나의 주장 안에는 반드시 한 가지 이상의 사례가 제시되어야 한다. 스피치를 많이 하다보면, '스피치란 결국 얼마나 적절하고 재미있는 사례 제시를 하는가'에 따라 그 성공여부가 달라진다는 사실을 알게 될 것이다.

Skill 2

다른 사람의 말, 자료 등을 인용(Cite)하라

100분 토론과 같은 시사 프로그램을 보면 상대방을 몇 마디 말로 제압하면서 우위를 점하는 토론자들이 있다. 그들은 해당 안건에 적합한 사실적 근거를 탁월하게 제시한다는 공통점이 있다. '누가 쓴 어느 논문의 연구결과에 따르면'이라는 말은 상대의 반박을 최소화시키는 마법과도 같은 문장으로 활용되곤 한다.

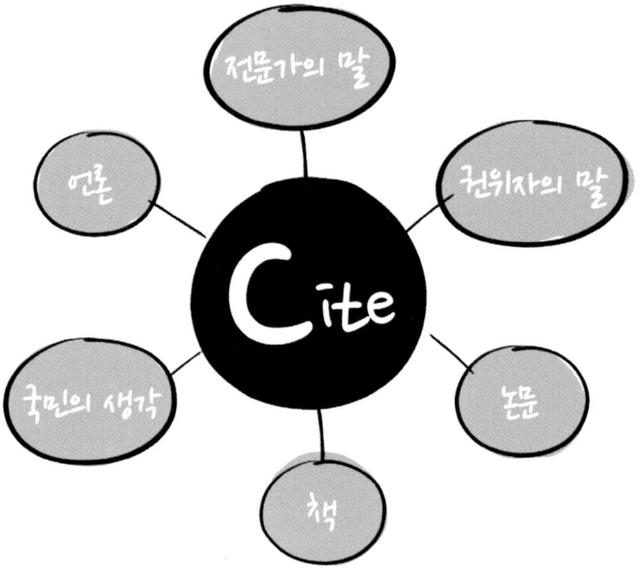

이처럼 논문이나 책에서 발췌한 자료, 전문가나 권위자의 말, 일반인들의 생각이나 언론보도를 인용하는 방법이 ECN 두 번째 법칙, Cite다. 특히 주제에 부합하는 전문가나 권위자의 말은 놀라운 힘을 발휘하는데, 그 방면에 명성이 있고 누구나 권위를 인정하는 사람의 말일수록 당연히 신뢰도가 더욱 높아진다. 이를 인용하는 것은 영향력 있는 전문가의 이미지를 내가 잠시 빌린다고 볼 수도 있다. '이렇게 권위 있는 사람도 나와 똑같은 생각을 갖고 있어요'라는 것을 간접적으로 보여주면서 나의 말에 공신력을 높이는 하나의 방법이다. 다음은 내가 강의를 하면서 자주 인용하는 내용이다.

"살아가면서 커뮤니케이션 능력이 중요함을 여러 가지 사례를 들어 말씀드렸는데요, 경영학의 아버지라 불리는 피터 드러커 역시 이런 말을 남겼습니다. '인간에게 가장 중요한 능력은 자기 표현력이며, 현대의 경영이나 관리는 커뮤니케이션으로 좌우된다'라고요."

Skill 3

명확한 수치(Number)를 제시하라

일반적으로 사람들은 객관화된 숫자를 신뢰한다. 말을 할 때도 숫자를 제시하면 그 내용이 더욱 사실적이고 구체적으로 다가온다. 예를 들어 회사에서 자신의 실적을 보고할 때도 다음과 같이 숫자를 활용할 수 있다.

"저는 매일 30분씩 2주 동안 고객 동선을 유심히 관찰한 후, 유동인구가 많은 곳에 진열대를 종류별로 설치했습니다. 그 결과 매익률 84%를 달성했습니다."

'30분, 2주, 84%'라는 숫자가 일단 선명하게 기억에 남으면서 그간의 수고와 실적이 생생하게 느껴진다. 무언가 주장을 하고 싶다면 이것을 뒷받침해주는 구체적인 숫자나 수치는 없는지를 반드시 찾아보라. 특히 뉴스에서 새로운 소식을 접할 때도 주요 숫자를 기억하면 평상시 대화의 질이 달라진다. "어제 뉴스에서 봤는데, 운동을 꾸준히 해야 오래산대"가 아니라 "어제 뉴스에서 봤는데, 주 3회씩 하루 30분 운동하면, 3년을 더 오래 산대"라고 이야기하면 확실히 더 설득력이 있다.

정확하게 수량화해서 숫자로 표현하는 것 중 대표적인 것이 통계자료다. 요점을 수량화해서 나타내기 때문에 청중에게 그 중요성을 인식시키는데 매우 효과적이다. 이를 적절하게 사용하면 청중에게 화자가 박식하다는 인상도 줄 수 있다.

> "여러분, '경단녀'라는 말 들어보셨습니까? 바로 '경력 단절 여성'을 뜻하는 말입니다. 우리나라의 저성장을 극복하기 위해서는 경력 단절 여성들의 재취업을 위한 제도 마련이 반드시 필요합니다. 통계청이 발표한 자료에 따르면, 기혼여성 5명 중 1명꼴로 경력 단절 여성이라고 합니다. 그리고 이 중에는 결혼, 출산, 육아가 집중적으로 이뤄지는 30대가 52.2%로 가장 많다고 하네요."

단, 숫자를 너무 자주 사용하면 청중은 숫자에 질리게 되어 귀를 닫고 싶어진다. 그때부터 숫자의 의미나 중요성이 희석된다. 반드시 강조하고 싶은 핵심만을 숫자로 제시하는 것이 중요하다.

오늘의 낭독

다음 글은 핵심주장을 부연설명하고 강화하기 위해 근거를 보여주고 있습니다. 큰 소리로 낭독하며 자연스럽게 근거를 제시하는 방법을 익혀 봅시다.

사람들은 자신에게 보이는 걸로 세상을 이해한다. 자신이 듣거나 보지 못한 것으로 자신이나 다른 이들의 행동을 설명할 수는 없다. 그래서 항상 자신을 제외한 다른 무언가로 자신의 행동을 설명하려 한다. 반대로 자신의 시야와 생각의 중심에 있는 타인의 행동은 항상 그 타인 자체로 설명하려 한다. 이러한 착각은 내가 그 타인에게 관심을 가지면 가질수록, 집중하면 할수록 더 강해진다. 그래서 타인이 내게 한 모든 행동은 그 사람의 마음을 과대지각하게 만든다. 조금 잘해주면 나를 너무너무 사랑하는 것으로, 조금만 못해주면 완전히 마음이 변한 것으로.

얼마 전 어떤 광고에서 배우 백윤식이 김치 한쪽을 집어먹는 모습을 보았다. 그는 얼굴을 찡그리며 이렇게 말했다.

"김치가 짜다. 사랑이 식은 게야."

아니다. 그냥 아내가 늙어서 예전처럼 간을 못 맞추거나, 내가 늙어서 입맛이 변한 것뿐이다. 사소한 일에 목숨 걸지 말라고 한다. 맞다. 사소한 일에 상대방의 마음을 걸지 마라. 그냥 내 입맛이 변한 것뿐이다.

_허태균 | 쌤앤파커스 | 《가끔은 제정신》에서

스피치 예문

꿈을 한계에 가두지 말자

하버드 대학의 도서관에는 이런 글귀가 적혀 있다고 합니다.

"지금 잠을 자면 꿈을 꾸지만, 지금 공부하면 꿈을 이룬다."

여러분은 어떤 꿈을 꾸고 계신가요? 혹시 자신의 꿈을 한계에 가두고 있지는 않은가요?

코이라는 물고기가 있습니다. 이 물고기는 작은 어항 속에서는 몸의 크기가 5~8cm 정도라고 합니다. 그런데 이 작은 물고기를 연못에 풀어주면 30cm까지 자라고요, 강가로 보내면 최대 1m까지 자란다고 합니다. 즉, 어느 곳에서 살아가는지에 따라 몸의 크기가 달라지는 것이죠.

벼룩도 마찬가지입니다. 벼룩은 보통 20~30cm 이상 높이 뛸 수 있다고 해요. 하지만 유리컵에 넣고 뚜껑을 닫은 후, 몇 시간 뒤에 뚜껑을 열면 겨우 7~8cm밖에는 뛰지 못한다고 합니다.

코이와 벼룩의 예를 통해 알 수 있듯이 한계를 지어버리는 순간 성장은 멈춥니다. 우리는 그동안 꿈을 작은 어항 속에 가두고 자라지 못하게 한 것은 아닌지 한번쯤 반성해볼 필요가 있습니다. 오늘 밤은 자신의 꿈에 대해 다시 한 번 생각해 보고, 좁은 어항이 아닌 넓은 바다에 우리의 꿈을 풀어 놓으면 어떨까요?

오늘의 트레이닝

● '행복'이라는 주제로 스피치를 해봅시다. 정말 말하고 싶은 핵심메시지(Key Message)를 스스로 정하고, 이를 뒷받침할 근거를 ECN 법칙에 따라 찾아봅시다.

Key Message	

Example	

Cite	

Number	

● 앞에서 찾은 근거를 활용해 스피치를 완성해봅시다.

SECRET 9
Magic Number 3

마법의 숫자 3을 세련되게 활용하라

21개 스피치 시크릿에서 내가 가장 사랑하고 불문율처럼 반드시 적용하는 것 하나가 있다면, 그것은 바로 '마법의 숫자, 3의 법칙'이다. 대체 얼마나 대단한 것이기에 마법까지 운운하며 이리도 강조하는 걸까?

3의 법칙은 쉽게 말해, '어떤 것이든 3가지로 요약하고 정리하는 것'을 의미한다. 1~2개만 이야기하면 왠지 내용이 부족한 것 같고, 4~5개 이상을 말하면 구성없이 나열한 느낌이 든다. 라틴 명언 중에는 '셋으로 이루어진 것은 모두 완벽하다(omne trium perfectum)'라는 말까지 있다. 그래서 3은 완전한 숫자라고도 불리는데, 그리스, 로마 시대부터 '1'은 악을 뜻하고 '2'는 선을 뜻하는 숫자였다. 따라서 1과 2가 합쳐진 '3'은 선과 악을 아우르는 평온하고 완전한 상태로 여기게 되었다고 한다.

그래서일까. 완전한 숫자 3은 우리와 아주 밀접한 곳에서도 종종 찾아볼 수 있다. 가위바위보를 할 때도 삼세판, 알라딘의 마술램프에서 요정이 들어주는 소원도 3개, 귀여운 아기 돼지도 4형제나 5형제가 아닌 3형제다. 또 늘 뭔가를 나누거나 구분할 때도 우리는 으레 3개로 나눈다.

금	은	동
상	중	하
아침	점심	저녁
과거	현재	미래
읽기	쓰기	말하기

깊게 그 이유를 생각할 틈도 없이, 우리의 무의식 속에 3은 완전하고 안정적이며 친숙한 의미의 숫자로 스며들어 있다. 게다가 사람들이 숫자 3을 좋아하는 건 어떤 정보를 한 번에 듣고 이를 기억할 수 있는 적정 수준의 내용이 3개이기 때문이기도 하다. 4개 이상을 제시하면 어쩐지 복잡하고 어려워보인다. 당연히 기억력이 떨어지고 내용도 헷갈리기 시작한다. 그러니 3이라는 숫자를

열렬히 사랑할 수밖에. 외우기 쉽고, 보기에 간결하고, 이해도 잘 되니 말이다! 이 책의 챕터별 구성이 모두 Skill 1, 2, 3 즉, 3개로 제시되어 있는 이유도 확실해졌을 것이다.

Skill 1

크게, 작게 3개의 덩어리로 나눠라

앞서 익혔듯 스피치의 가장 기본적인 구조는 '서론-본론-결론' 크게 3개의 덩어리로 나누는 것이다. 나머지는 기본구조의 확장 또는 변형일 뿐이다. 본론 역시 '소주제1-소주제2-소주제3' 이렇게 3개로 나누는 것이 가장 안정적이고 기억하기 좋은 구조다. 하나의 소주제 안에 제시하는 근거도 물론 3개가 적당하다.

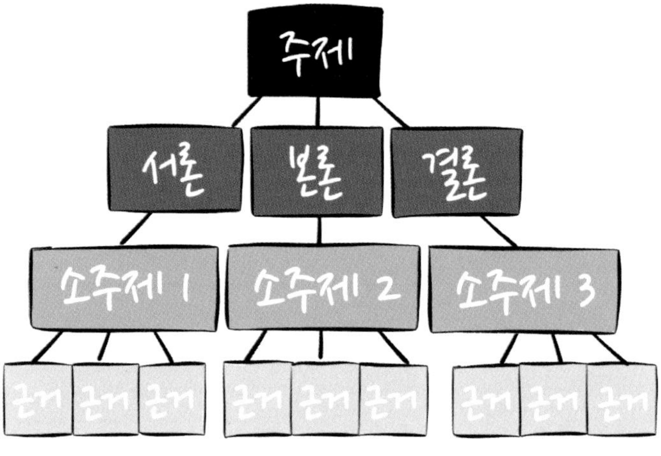

스피치의 교과서로 길이 남을 스티브 잡스 역시 숫자 3을 사랑한 대표적 인물이다. 그는 2005년 스탠퍼드대 졸업식 축하 연설에서 3의 법칙을 완벽하게 사용했다. 그의 연설은 이렇게 시작한다.

> "오늘 저는 여러분에게 제 인생에서 일어난 3가지 이야기를 하고 싶습니다. 별로 대단한 건 아닙니다. 딱 3가지 이야기입니다."

스티브 잡스는 자신이 전할 스피치의 전체 구조가 3개로 구성돼 있다는 것을 처음부터 청중에게 알렸다. 청중은 부담스럽지 않은 숫자, 적지도 많지도 않은 숫자 3을 듣고 비교적 편안하게 이야기에 몰입할 수 있었을 것이다. 그의 첫 번째 이야기는 인생의 모든 경험에서 연결점을 찾으라는 내용이었고, 두 번째는 그의 사랑에 대한 이야기, 세 번째는 그의 병과 죽음에 대한 이야기였다. 스티브 잡스는 3개의 핵심내용 안에 자신의 경험과 깨달음을 스토리텔링 형식으로 매우 감동적으로 전했다.

나는 강의를 하면서 소주제를 3개로 구성해보기도 하고, 가끔은 조금 욕심을 내어 4~5개로 만들어보기도 한다. 강의를 마칠 무렵 교육생이 얼마나 기억하고 있는지 마지막에 질문을 던져보면, 정말 신기하게도 3개까지는 사람들이 곧잘 기억을 하고 합창하듯 큰 소리로 대답한다. 하지만 4개부터는 기억이 가물가물한지 사람들의 대답 소리가 작아지기 시작한다. 괜히 Magic이란 수식어가 붙었겠는가. 3으로 딱 떨어지지 않는 것도 가능한 한 3으로 합치거나 빼서 무조건 3에 맞춰라.

Skill 2

키워드는 딱 3개로 압축하라

"저는 책임감이 강하고, 성실하고, 열정적이며, 해외 어학연수 경험뿐만 아니라 자격증도 10개나 있습니다. 대학시절 학생회 활동으로 리더십도 키웠고, 커뮤니케이션 능력도 뛰어납니다. 또한 언제나 주어진 환경에 적응을 잘하며, 늘 배움의 자세로 살아가는 주인의식을 갖춘 최고의 인재입니다."

"이 윈도우필름은 제품성능, 내구성, 규격 등 모든 면에서 뛰어납니다. 열 차단 기능이 있어 에너지 사용을 획기적으로 줄이고 자외선 차단, 눈부심 방지, 태풍 등 충격에 의한 파편 비산방지, 시선차단 효과를 통한 사생활 보호, 선명한 조망권 확보, 건물 외관의 수려함 등 수많은 장점을 가지고 있습니다."

위 글을 읽고 어떤 생각이 드는가? '우와! 우리 회사가 원하는 많은 장점을 지닌 인재군! 당장 뽑아야겠어' 혹은 '이야! 이 제품 성능이 대단한데? 어서 사야지!'라는 마음이 드는 사람은 없을 것이다. 아마 '잠깐 잠깐, 그래서 장점이 뭐라고?' 혹은 '에이, 설마… 그 많은 장점을 다 가지고 있겠어?'라는 의심이 뭉글뭉글 피어오를 것이다. 모든 메뉴가 다 맛있다고 말하는 식당 치고 맛있는 집 못 본 것처럼.

많은 사람이 기업이나 제품, 자신을 소개할 때 많은 장점을 모두 자랑하고 싶은 마음에 위의 사례처럼 줄줄이 늘어놓는 실수를 한다. 하지만 과감하게 딱! 3가지만 추려서 전달해야 기억이 잘 될뿐만 아니라, 진짜 장점으로 인식된다. 실제로 미국 로스앤젤레스 캘리포니아대(UCLA)와 조지타운대 연구팀이 샴푸, 시리얼 등의 소비재, 레스토랑, 그리고 정치인 등 4가지 대상에 대해 장점을 하나씩 차례로 제시하면서 듣는 사람들의 태도 변화를 조사했다. 얼마나 많은 장점을 주장하는 것이 가장 설득에 효과적인지, 그리고 몇 번째부터 역효과가 발생하는지를 알아봤다. 그 결과가 매우 흥미롭다. 공통적으로 3번째 장점을 제시할 때까지는 호감도가 높아졌으나 4번째 장점을 제시하면서부터는 호감도가 하락하고 의심이 급격히 높아졌다고 한다.

'아이패드2'를 처음 선보일 때도 스티브 잡스는 많은 얘길 하지 않았다. 그가 청중의 마음을 사로잡은 것은 딱 세 마디였다.

"더 작고, 더 가볍고, 더 빨라졌다."

자랑하고 싶은 아이패드2의 장점이 당연히 많았겠지만, 정말로 강조하고 싶은 딱 3가지만 키워드로 전달한 것이다. 그래서 우리가 이를 기억했고, 믿었으며, 열광했던 것이다. 키워드는 딱 3개로 압축하라.

Skill 3

강조에도 3의 법칙을 사용하라

같은 말이나 비슷한 문구를 3번 반복하는 것도 숫자 3의 임팩트를 잘 활용한 예다. 청중에게 강렬한 인상을 주기 위해 위대한 연설가들은 반복해서 강조를 할 때 3의 법칙을 즐겨 쓴다. 우리에게 잘 알려진 링컨의 게티스버그 연설 중 "국민의, 국민에 의한, 국민을 위한 정부"에서도 바로 '국민'이란 단어를 3번 연달아 강조했다. 줄리어스 시저의 "왔노라, 보았노라, 정복했노라" 역시 비슷한 문구를 3번 반복했으며, 윈스턴 처칠의 "절대로, 절대로, 절대로 포기하지 마라!"에서도 같은 단어를 3번 반복해 큰 임팩트를 주었다.

21세기 최고의 연설가로 각광받고 있는 오바마 대통령의 스피치 역시 곳곳에 3의 법칙이 많이 쓰인다.

"어려움이 닥쳐올 때의 희망, 불확실에 대처할 때의 희망, 담대한 희망입니다!"

"우리는 여기까지 왔습니다. 우리는 많은 것을 보았습니다. 하지만 해야 할 일들이 아직 더 많이 남아 있습니다."

이렇게 나열하고 보니, 혹시 역사적으로 위대한 연설가들만 쓰는 법칙이라는 생각이 드는가?

절대 그렇지 않다. 우리 주변 사람들의 이야기, 인터뷰 내용들을 들어봐도 다음과 같이 3의 법칙이 일상적으로 자연스럽게 쓰이고 있다.

> "과연 행복의 기준은 무엇일까요? 내가 하는 일이 소중하고, 내 곁에 있는 사람이 소중하고, 내가 머물고 있는 이 시간이 소중한 것, 그것이 행복의 유일한 조건이 아닐까요?"
>
> "세상에는 3가지 일이 있습니다. 내가 할 일, 네가 할 일, 하늘이 할 일. 내가 누군가에게 만나고 싶다고 얘기하는 것은 누가 해야 할 역할일까요? 내가 할 일이죠. 그럼 그걸 받아들이고 안 받아들이고는 누가 해야 할 역할인가요? 네가 할 일이에요. 그리고 살다보면 나도 너도 아닌 하늘의 뜻에 따라야 하는 일도 있습니다."

우리도 한번 해보자. 3의 법칙을 적용한 반복과 나열로 내용이 완전해지고, 강조가 되며, 운율감이 생기는 느낌이 들 것이다. 앗! 나도 모르게 또 3의 법칙을 쓰고 있다.

오늘의 낭독

다음 글을 소리 내어 읽으면서 3의 법칙을 몸으로 자연스럽게 흡수해 봅시다.

젊은이들에게 사랑하는 법을 가르치고 기회를 극대화해야 하는 이유는 단지 번식을 위해서만이 아니다. 연애, 진정한 사랑을 성공적으로 하려면 세 가지 중요한 기술이 있어야 하고 그 과정을 통해 기술을 배울 수 있다.

첫째, 자기제시 기술을 배운다.

최소한 거짓말을 하지 않는 내에서 최대한 멋있게 보이는 법을 배운다. 특히 상대방이 원하는 사람이 되는 법을 배운다. 결혼하고 상대의 진면목을 보면 모두 실망하는 것처럼, 있는 그대로를 처음부터 다 보여주면 인류는 멸종할 것이다. 그래서 자신을 좀 더 그럴싸하게 포장해서 보여주게 된다. 이게 바로 자기제시 기술이다.

둘째, 협상 기술을 배우게 된다.

자신에게는 별로 중요하지 않지만 상대방에게 중요한 것을 포기하는 대신, 상대방에게는 중요치 않지만 내게는 중요한 것을 얻어내는 기술이다. 둘만의 원칙과 규칙을 만들어가는 과정에서 바로 협상의 본질을 알게 된다.

셋째, 인내력을 배우게 된다.

살아 있는 현실 속 상대에게서 내가 원하는 것을 얻는 것은 매우 힘들고 오랜 노력이 필요하다. 요즘 젊은이들은 인터넷이나 SNS와 같은 가짜 관계를 통해 인간관계를 너무 쉽게 얻는 데 익숙해져 있다. 현실에서 얻기에는 너무 오래 걸리고 힘드니까, 쉽고 간단한 방법만을 찾는 것이다.

이 세 가지 기술만 있다면 세상을 살아가는 데 아무런 문제가 없다. 잘 포장하고, 잘 협상하고, 잘 기다릴 줄 안다면 무엇을 해도 성공한다.

_허태균 | 쌤앤파커스 | 《가끔은 제정신》에서

스피치 예문

삶에 대한 사랑의 시작, 정리의 3단계

여성들이 계절이 바뀔 때마다 하는 생각이 있습니다. '아, 옷장에 이렇게 옷이 많은데, 왜 입을 게 없지?' 아마 여러분의 옷장을 가득 채운 옷 중 대부분은 몇 년간 손조차 대지 않은 옷일 겁니다. '싹 정리해야지' 큰맘을 먹지만 실제로 실행하기가 쉽지 않죠?

《하루 15분 정리의 힘》의 저자이자 국내 1호 정리 컨설턴트인 윤선현 씨의 말에 따르면, 이렇게 옷장에 쌓인 옷부터 시간, 인맥까지도 모두 '정리'가 필요하다고 합니다. 이 책에서 제시하는 정리의 3단계를 말씀드리겠습니다.

첫 번째 단계, 비움입니다.

우리는 살면서 불필요한 시간, 불필요한 만남에 많은 에너지를 소비하고 있습니다. 효율적인 삶을 위해서는 버리는 것이 중요하다고 합니다. 유효기간이 지난 것, 즉 시기가 지난 책, 이미 끝난 프로젝트, 최근 몇 년간 입지 않은 옷을 과감하게 버려야 합니다.

두 번째 단계, 나눔입니다.

욕심을 부려 쓰지도 않을 물건을 사놓고 고스란히 진열만 해놓은 적 누구나 있을 겁니다. 쓰지는 않는데 버리기에 아까운 물건이 있다면, 주변에 필요한 사람에게 주면 더 좋겠죠? 주변 사람뿐 아니라 어려운 이웃을 위해 물건을 기부하는 것도 좋은 방법입니다.

세 번째 단계, 채움입니다.

비움과 나눔으로 자신의 공간에 여유를 만들었다면, 그곳을 나 자신을 위한 물건으로 채워야 합니다. 자주 사용하는 책상 위를 정말 필요한 물건으로 채워보십시오. 공간을 훨씬 효율적으로 활용할 수 있고, 물건을 찾는 데에도 오랜 시간을 허비하지 않을 수 있습니다.

저도 내 삶의 주인공이 되기 위해 조금씩 정리의 힘을 발휘하고자 합니다. 여러분도 오늘부터 비움, 나눔, 채움, 정리의 3단계를 실천해보십시오.

오늘의 트레이닝

● 인생의 후배들에게 도움이 되는 자신의 경험을 나눈다면 어떤 말을 해주고 싶은가? 구체적으로 3가지 소주제로 나눠 정리해봅시다.

Key Message	

소주제 1	
소주제 2	
소주제 3	

● '내가 꿈꾸는 것 3가지'라는 주제로 3의 법칙(반복, 강조)을 활용해 다음 스피치를 완성해봅시다.

Opening	저는 3가지를 꿈꿉니다. 우선, ________________ 을 꿈꾸고, ________________ 을 꿈꾸며, 마지막으로 ________________ 를 꿈꿉니다.
Storytelling	
closing	

SECRET 10
Closing 기법

클로징은 가슴을 향해 던져라

오프닝을 근사하게 시작해서 감동적인 스토리로 청중을 폭 빠지게 만들었음에도 불구하고 나의 이야기가 청중에게 여운을 남기지 못한다면? 김빠진 탄산음료처럼 밍밍하고 뭔가 석연치 않게 끝났다는 느낌이 든다면? 분명 클로징 기법을 제대로 구사하지 못한 탓이다. 사람들은 대개 후반부의 인상으로 전체를 평가하기 때문이다.

영화나 드라마를 볼 때, 소설을 읽을 때도 늘 엔딩이 궁금하다. 전체를 축약해놓은 듯한 메시지가 엔딩장면에서 함축적으로 드러나, 두고두고 곱씹어볼 수 있는 거리를 제공해주기 때문이다. 스피치도 이와 다르지 않다. 흥미와 관심을 끈다는 의미에서 오프닝의 역할은 물론 중요하다. 그런데 가장 최근에 들어온 정보, 시작보다는 끝을 더 잘 기억하는 사람의 습성을 생각했을 때 강렬한 인상과 여운을 남기는 클로징 역시 성공적인 스피치의 필수요건이다.

스피치에 서툰 사람들은 흔히 본론만 이야기한 후에 "지금까지 경청해주셔서 감사합니다" 하고 마무리하는 경우가 있다. '뭔가가 더 있겠지, 설마 여기서 그냥 끝내겠어?' 하고 내심 기대하던 청중은 허탈하다. 고조되었던 감정이 뚝 떨어져버린 황당한 느낌을 그들에게 주지 않으려면 스피치가 끝나갈 무렵 이를 자연스럽게 알려주어야 한다. '이제 이야기가 끝나가니 여러분, 마음의 준비를 하십시오'라는 의미로 말이다.

이때 슬슬 정리하는 분위기를 조성하는 것이 필요한데, 여기서 사용할 수 있는 것이 바로 목소리 스킬이다. 마무리 멘트를 하기 전에는 포즈를 길게 두면서 호흡을 한 번 정리하라. 이렇게 분위기를 한 번 전환시킨 뒤, 목소리 톤을 낮추고 속도를 늦추면서 말을 시작하는 것이다.

무엇보다도 클로징은 강한 인상을 주면서 동시에 잔잔한 여운을 남겨야 한다. 전달하고자 하는 핵심이 강렬한 인상으로 청중의 가슴에 콕 박혀 집에 돌아가서도 두고두고 생각이 나게 해야 한다. 청중의 가슴을 터치하는 감성적인 클로징을 위해 다음 3가지 방법을 꼭 익혀보자.

Skill 1

인상적인 문구를 인용하라

오프닝 기법에서도 다루었던 내용으로, 핵심메시지를 강하게 어필할 수 있는 문구를 찾아 인용하는 방법이다. 보통 유명한 사람의 말이나 속담, 고사성어 등을 사용하는데, 쉽고 흔한 방법이지만 매우 효과적이기에 적극 추천한다. 특히 청중이 자기 자신을 스스로 되돌아보게 만드는 감동적이거나 교훈적인 문구를 클로징에서 사용하면, 잔잔한 여운이 오래도록 마음에 남는다.

내가 들었던 강의 중에 몇 년이 지나도 잊혀지지 않는 클로징 문구가 하나 있다.

> "우물이 깊다 말하지 말고, 네 두레박 길이의 짧음을 탓해라."

늘 핑계를 밖에서 찾고 자신의 한계를 정해버리는 사람들에게 외부요인이 아닌 스스로의 부족함을 인식하고 노력하라는 뜻일 것이다. 강의의 세부적인 내용은 잊었어도, 마지막 이 문구만큼은 가슴에 깊이 새겨져 있다.

새로운 제안을 하는 프레젠테이션의 클로징이라면 버나드 쇼의 다음 말을 활용해볼 수 있겠다.

> "최근 몇 달 동안 새로운 의견을 받아들이거나, 가지고 있던 의견을 버린 적이 없다면 당신의 맥박이 뛰고 있는지 확인해 볼 필요가 있다. 당신은 이미 죽어 있는지도 모르기 때문이다."

어떤가, 나도 모르게 한 손으로 내 맥박을 짚게 되지 않는가? 이처럼 내가 하고 싶은 말을 한 두 문장으로 압축하고 있는 좋은 문구를 찾아 결론에서 적극 활용해보자. 고개를 끄덕이며 당신의 말에 공감하는 청중의 따뜻한 표정이 읽혀질 것이다. 명언을 인용하는 기법은 스피치에서 아무리 강조해도 지나치지 않다. 마음에 들어오는 인상적인 문구가 있다면 잘 적어두었다가 언제 어디서든 사용할 수 있도록 완벽하게 외워보자.

Skill 2

긍정적 미래로 기대감을 갖게 하라

청중이 왜 귀한 자신의 시간을 쪼개어가며 그 자리에 앉아 당신의 스피치를 듣고 있겠는가? 뭔가 유익하고 자신에게 도움이 될 만한 그런 이야기를 듣게 되지 않을까 하는 기대감 때문이다.

사람은 누구나 지금보다 더 나은 방향으로 변화와 성장을 원한다. 현실이 비록 어둡고, 문제점투성이일지라도 그 원인을 찾아 극복할 힘을 얻고, 해결방법을 모색하기 위해 다 같이 모인 것 아니겠는가.

허구한 날 우울한 이야기만 늘어놓는 친구는 멀리하고 싶은 것처럼, 부정적이고 아무 도움도 되지 않는 스피치는 당장 그 자리를 뜨고만 싶어진다. 그래도 인내심을 발휘해 마지막까지 자리를 지켰음에도 진짜 끝까지 별게 없으면 청중은 정말 화가 난다. 마지막에 청중을 웃게 해야 한다. 마지막이 좋아야 진짜 좋은 거다.

그러기 위해서는 설레는 미래를 상상하게 하는 내용이 좋다. 본론에서 제시한 주장을 실행에 옮겼을 경우 펼쳐질 수 있는 긍정적인 미래의 모습을 구체적으로 보여줘라. 청중이 얻게 될 실질적인 이득을 함께 제시하면 더할 나위 없이 좋다. '이익이 없으면 설득도 없다'는 말처럼 자신의 실익과 연관이 되면, 청중은 즉각 반응을 보인다. 나의 주장을 강요하는 것이 아니라 청중이 자발적으로 열렬히 받아들이게 만들어야 한다.

"자, 지금까지 90분여에 걸쳐 자신만의 콘텐츠를 만드는 강의 기법에 대해 말씀드렸습니다.
자, 여러분! 상상해보십시오. 여러분이 자신의 분야 최고 전문가가 되어 수백 명의 사람들 앞에서 강의하는 모습을 머릿속에 그려보십시오. 인생의 후배들, 여러분의 길을 걷고자 하는 많은 사람들의 롤모델이 되어서 그들에게 자신 있게 방향을 제시하는 모습을 말입니다.
어떠십니까? 상상하는 것만으로도 가슴이 막 뛰지 않습니까? 그날을 위해 오늘 함께 나눈 기법들을 꼭 기억하고 훈련해 여러분만의 멋진 강의를 만드시기 바랍니다."

듣기만 해도 기대감이 생기면서 뭔가 희망으로 가슴이 부풀지 않는가? 사람을 살게 하는 원동력은 바로 '미래에 대한 희망'이라 나는 생각한다.

Skill 3

구체적인 행동을 콕 집어 지시하라

스피치를 다 듣고 나서, 청중의 머릿속엔 명쾌하게 결론이 내려져 있을 수 있다. 하지만 '그래서 나보고 뭘 어쩌라는 건데?'라는 막연한 물음표가 찍혀 있을 가능성도 높다. 발표자는 분명히 긴 시간 목이 터져라 중요한 내용을 반복하고 또 반복했다. 그럼에도 불구하고, 마지막에 뭘 해야 할지 전혀 모르겠다는 표정을 짓는 사람들이 있다. 왜 이런 일이 일어날까?

처음 접하는 내용을 들을 때, 청중의 머릿속은 어렵고 복잡하기 때문이다. 발표자가 나름 쉽게, 잘 설명한다고 하지만, 그래도 100% 흡수되지 않는 경우가 많다. 이렇게 마지막에 남아 있는 물음표(?)를 느낌표(!)로 바꿔주는 작업이 바로 구체적 행동을 콕 집어 지시하는 기법이다. 그렇게 해야 하는 필요성을 다시 한 번 강조하면서 "당신이 지금부터 해야 할 일을 무엇무엇이다"라고 분명하고도 직설적으로 언급하면 된다.

"지금까지 좋은 목소리를 낼 수 있는 가장 중요한 3가지, 복식호흡과 공명발성, 표준 발음법을 집중적으로 훈련해보았습니다. 이를 평상시 말할 때 자연스럽게 적용하기 위해서는 반드시 '연습'이 필요한데요, 매일 오전에 최소 10분씩 시간을 내서, 딱 30일만 꾸준히 연습을 해보세요. 여러분의 소리가 훨씬 매력적으로 변하는 것을 확인하시게 될 겁니다."

"창의적인 생각을 위해서는 자신만의 정의를 가져야 한다고 말씀드렸습니다. 그러기 위해서는 여러분 인생에서 가치가 있다고 생각하는 키워드 10개를 골라보세요. 그리고 그 키워드마다 나만의 한 줄 정의를 내려 보세요. 남이 정해준 객관식 정답이 아니라 주관식으로 생각하는 힘이 길러집니다."

청중은 이제야 만족스럽다. '아하! 나는 지금부터 이걸 하면 되는구나!' 하고 해야 할 일이 명확해졌기 때문이다.

오늘의 낭독

다음 글을 낭독하며 스피치를 마무리하는 멋진 방법을 자연스럽게 익혀봅시다.

작은 일도 무시하지 않고 최선을 다해야 한다.

작은 일에도 최선을 다하면 정성스럽게 된다.

정성스럽게 되면 겉에 배어 나오고

겉에 배어 나오면 겉으로 드러나고

겉으로 드러나면 이내 밝아지고

밝아지면 남을 감동시키고

남을 감동시키면 이내 변하게 되고

변하면 생육된다.

그러니 오직 세상에서 지극히 정성을 다하는 사람만이

나와 세상을 변하게 할 수 있는 것이다.

_《중용》23장에서

영화 〈역린〉에 등장하면서 한때 화제가 되었던 중용 제23장의 구절입니다. 세상을 변화시키는 첫걸음은 작은 일을 소홀히 하지 않는 데 있습니다. '이것쯤이야' 하는 안일한 생각을 버리고, 내게 주어진 것이 무엇이든 최선을 다하는 자세. 그것이 나와 세상을 바꾸는 첫걸음이자 지름길이 아닐까요? 내가 내 일에 최선을 다할 때, 그 일은 누가 봐도 정성스러운 일, 큰 일이 될 것이라는 사실을 꼭 기억하셨으면 좋겠습니다.

스피치 예문

내 마음에 귀를 기울이자

여러분, '미켈란젤로 동기'라는 말 들어보셨습니까?
크게 성공한 사람들은 바로 이 '미켈란젤로 동기'가 강한 사람들이라고 합니다.
천재 화가 미켈란젤로의 작품 〈천지창조〉와 관련된 일화를 통해 '미켈란젤로 동기'에 대해 말씀드리겠습니다.

미켈란젤로는 교황의 명령에 따라 600㎡나 되는 넓은 천장에 그림을 그리게 되었습니다. 고집도 세고 자부심도 강했던 미켈란젤로는 성당의 출입문을 막고 무려 4년 동안이나 그림 그리기에 몰두했다고 합니다. 그런데 어느 날, 미켈란젤로의 친구가 성당을 찾아왔습니다. 천장의 한쪽 구석에서 불편하고 위태롭게 작업을 하고 있는 미켈란젤로를 보면서 친구가 물었습니다.

"자네는 왜, 잘 보이지도 않는 구석에 그렇게 정성을 들여 그림을 그리고 있나? 완벽하게 그려봤자, 그것을 누가 알겠나?"
이 말을 들은 미켈란젤로는 무심하게 한마디를 던집니다.
"내가 안다네."

이것이 바로 '미켈란젤로 동기'입니다. 신념이나 가치관에 따른 내적 동기부여를 뜻하는 말인데요. 이익이나 출세처럼 겉으로 드러난 보상이 아니라 성취감 같은 순수한 내면의 에너지에 의해 움직이는 것이죠. 외적인 동기가 사라졌을 때 목적과 목표도 함께 사라져버리기 쉽습니다. 하지만 내적동기에 의한 목적은 생명력이 훨씬 강합니다.

여러분, 지금 스스로의 마음에 물어보십시오. 지금 하고 있는 일이 과연 내가 진정으로 원하는 일인지, 나 자신을 위해서가 아닌 다른 누군가를 위해서 일하고 있는 건 아닌지. 미켈란젤로의 동기에 귀 기울여 마음이 움직이는 대로 여러분만의 〈천지창조〉를 그려보시기 바랍니다.

오늘의 트레이닝

● 다음은 '상대방에게 먼저 베풀어라'라는 주제의 스피치입니다. 아래에 제시된 방법으로 클로징을 다양하게 구성하여 스피치를 완성해봅시다.

인간관계는 맺는 것도 어렵지만 유지하는 것은 더욱 어렵죠? 좋은 관계로 거듭나기 위해서는 반드시 끊임없는 노력이 필요합니다. 그러기 위해선 이것만큼은 꼭 기억하세요.

'상대방에게 먼저 베풀어라.'

우리는 늘 상대방에게 받으려고만 합니다. 얻을 것이 없는 관계는 소홀히 하기도 합니다. 직장에서 상사는 직원이 주인의식을 가지고 더 열심히 해주기만을 바라고, 직원은 상사가 자신을 인정해주고 잘 대해주기만을 원합니다. 남녀관계에서도 내가 먼저 사랑을 주기보다는 상대방이 내 마음을 몰라주고 아낌없이 사랑을 주지 않는다고 원망하기도 하죠.

● 다음 인용구를 활용해 클로징을 만들어봅시다.

남에게 대접받고 싶은 만큼 남을 대접하라 _데일 카네기

● 먼저 베풀었을 때 얻을 수 있는 긍정적인 미래를 제시하며 클로징해봅시다.

● 먼저 베푸는 구체적인 방법을 제시하며 클로징해봅시다.

TIP

스피치 기본을 위한 1분 스피치

다음은 스피치 기본 단계에서 배운 내용을 연습하기에 좋은 주제들이다. 하루에 1~2개 주제로 꾸준히 1분 스피치 연습을 해보자. 나도 모르게 스피치에 부쩍 자신감이 붙게 될 것이다.

1. 내 인생의 가치관
2. 내 인생의 터닝 포인트(전환점)
3. 학창시절 기억에 남는 일
4. 위기를 기회로 만들었던 경험
5. 월요병을 극복하는 나만의 방법
6. 효과적인 나만의 스트레스 해소법
7. 내가 닮고 싶은 사람(롤모델)
8. 감명 깊게 읽은 책
9. 추천하고 싶은 영화나 드라마
10. 나의 인생 그래프

PART 03

스피치 발전 단계

스피치 발전 단계에 들어가며

스피치 기초와 기본 단계를 합쳐 총 열흘 간의 훈련을 마친 당신, 참 멋지다! 뭔가 좀 해낸 것 같은 기분이 들지 않는가? '아, 스피치란 이런 것이구나! 꼭 어려운 것만은 아니구나' 하는 생각이 들었길 바란다.

물론 깊이 들어가면 한도 끝도 없지만, 기본적인 것만 알고 적용해도 그럴듯한 스피치가 된다. 이 정도조차 모르는 사람 혹은 알지만 행하지 않는 사람이 대다수이기 때문이다. 발전 단계에 접어든 당신은 이제 평범한 수준에 머무는 사람이 아니다. 이제 떨지 않고 조리 있게 말하는 것에서 좀 더 욕심을 내보자. 요즘 너나 할 것 없이 소통을 외치는데, 진짜 청중과 소통하는 스피치를 하고 싶지 않은가? 같은 말이라도 인상적이고 강렬하게 표현하고 싶지 않은가?

스피치 발전 단계에서는 화법과 표현법을 집중적으로 다루어볼 것이다. 외우기 쉽도록 알파벳 첫 글자를 따서 'ERS(Easy-Repeat-Share) 화법'과 'DDP(Detail-Different-Poem) 표현법'이라고 이름 지어봤다. ERS는 사람들이 쉽게 이해하고 기억하며 공감하게 만드는 화법이며, DDP는 구체적이고 색다르며 감각적인 표현법을 말한다. 마지막으로, 간결해서 더 강력한 말의 다이어트 비법까지 만날 수 있다.

남들이 이야기할 때 '우와, 저 사람 말 진짜 잘하네! 어쩜 저런 표현을 할 수 있을까?' 하며 감탄하고 부러워만 할 것이 아니라 이젠 당신이 그 주인공이 되어보자. 스피치의 맛과 묘미를 발전 단계에서 꼭 느껴보길 바란다.

SECRET 11

Easy 화법

어려운 것일수록 쉬운 말로 하라

수준 높은 청중에게 굳이 쉽게 말할 필요가 있을까? 답은 'Yes!'다. 모든 분야에 정통한 사람은 없다. 내 분야가 아닌 이상 청중이 대통령이든, 교수든, 특정 분야의 최고 전문가든 상관없이 그들도 모르는 내용이 나오면 당연히 어렵고 낯설다.

최근에 나이 지긋한 미래학자의 강연을 들은 적이 있다. 30년 후의 세상을 보여준다기에 잔뜩 호기심어린 마음으로 자리에 앉았다. 과거의 상상이 오늘날 현실로 이루어진 과정을 보여주기 위해서인지 우주의 탄생인 빅뱅이론부터 과거 과학자들의 여러 가지 이론이 초반부를 꽉 채웠다. 거기까진 괜찮았다.

아인슈타인의 상대성이론을 공식으로 보여주면서 길게 설명을 하는데 갑자기 머리가 멍해졌다. 학창시절에도 물리학과는 담을 쌓고 지낸 나는 정말 무슨 소린지 도통 하나도 알아들을 수가 없었다. 다른 청중들도 마찬가지인 듯했다. 사람들이 반응이 없자 강사는 "모르겠어요? 이것도 모르겠어요? 대답 좀 해요!" 하며 화를 내며 재촉하기 시작했다. 앞에 있는 몇몇 남성분들이 그제야 "네, 네" 하며 아는 건지 모르는 건지 알 수 없는 대답을 했다. 그 강사분께는 정말 죄송하지만, 강의 내내 도저히 집중을 할 수가 없었다.

세상에는 세 종류의 발표자가 있다. '쉬운 것을 어렵게 말하는 사람, 어려운 것을 어렵게 말하는 사람, 어려운 것을 쉽게 말하는 사람.' 어려운 것을 어렵게 말하는 건 누구나 할 수 있다. 쉬운 것을 어렵게 말하는 사람은 하수다. 반면 어려운 것을 쉽게 말할 수 있다면 진정한 고수라 불러도 좋을 것이다. "간단하게 설명하지 못한다는 것은 완벽하게 장악하지 못했다는 의미"라는 앨버트 아인슈타인의 말이 의미심장한 이유다.

특히 '말'은 '글'과 달라 일회성이라는 특징이 있다. 듣는 순간 이해하지 못하면 다시 되돌려 들을 수 없다. 따라서 발표자는 청중이 들으면서 바로 이해가 되도록 쉽게 말해야 한다. 그러기 위해서는 문어체 표현보다는 구어체 표현을, 길고 복잡한 문장 대신에 짧고 단순한 문장을 사용하는 것이 좋다. 한자어, 외국어, 전문용어와 같은 어려운 표현을 쓸 때도 청중이 이해할 수 있도록 쉽게 풀어서 설명을 하자. Easy 화법, 쉬운 것이 좋다!

Skill 1

문어체가 아닌 구어체로 말하라

"저희 직원들의 프레젠테이션을 좀 더 부드럽게 만들어주세요."

한 회사의 교육담당자가 특강을 의뢰하며 요청한 내용이다. 대체 말을 어떻게 하기에 저런 요청을 하지 싶어 유심히 그들의 발표를 들어봤더니, 모든 직원들의 스피치 스타일이 똑같았다. 이름하여 군대 스타일! 문어체적인 표현을 많이 사용하는데다 딱딱한 군인 어투가 완전히 입에 배어 있는 탓에 의미가 하나도 귀에 들어오지 않았다. 과장되게 들리는 강한 어미처리, "OO하여! OO하였습니다!"만 귓가에서 크게 맴돌았다.

프레젠테이션이나 공식석상과 같이 격식을 갖춰야 하는 자리에서는 무조건 문어체 표현을 써야 격이 높아진다고 생각하는 사람들이 있다. 도시락이라도 싸가지고 다니면서 그들을 말리고 싶은 심정이다. 글에 쓰는 문어체 표현을 말할 때 사용하면, 듣기에도 어색할뿐더러 전체적인 분위기가 매우 경직된다. 말은 반드시 자연스러운 입말(구어체)로 해야 한다. 입말로 바꾸는 다음 3가지 요령을 숙지하자.

① 구어체는 축약해서 말해야 자연스럽다.

하여, 하였습니다. / 되어, 되었습니다. → 해(해서), 했습니다. / 돼, 됐습니다.

송지수입니다. → 송지숩니다.

자료입니다. → 자룝니다.

② 주어를 꾸미는 수식어가 길면 이해하기 어렵다. 주어는 짧게 앞으로 나와야 한다.

그동안 발표를 하면서 실수를 많이 해 자신감이 떨어진 저는 스피치를 체계적으로 배워야겠다고 생각했습니다.

→ 저는 그동안 발표를 하면서 실수를 많이 해 자신감이 떨어졌습니다. 그래서 스피치를 체계적으로 배워야겠다고 생각했습니다.

③ 명사형을 반복하면 말이 딱딱해진다. 이를 풀어서 표현하는 것이 좋다.

스피치의 중요성이 대두됨에 따라 스피치 훈련을 통한 실력 향상을 위해 많은 사람들이 노력하고 있습니다.

→ 스피치가 점점 중요해지고 있어 많은 사람들이 스피치 훈련을 하면서 실력을 향상하기 위해 노력하고 있습니다.

Skill 2

짧게 쪼개어 말하라

높은 지식수준을 가진 사람이라도 길고 복잡한 문장을 듣게 되면 순간적으로 내용을 놓쳐 의미를 파악하는 데 어려움을 겪는다. 문장이 길어지면 발표자 자신도 주어를 뭐라고 시작했는지 기억하지 못해 전혀 엉뚱한 서술어로 마무리하게 된다. 또 호흡조절에 실패하면서 말의 속도가 빨라져 전달력이 떨어지기도 한다.

한 문장 안에 말하고 싶은 모든 내용을 집어넣지 말자. 즉 복문으로 길게 말하지 말라는 얘기다. 문장을 짧게 쪼개고 그 사이에는 적절한 '연결어구'를 넣어보라. 말하는 사람도 듣는 사람도 훨씬 단순명쾌해진다.

"요즘 '말 잘하는 사람이 성공한다'라는 말도 있듯이 직장에서 프레젠테이션을 잘하는 사람들이 역량을 더 인정받아 승진의 기회를 얻는 경우가 많아지고 있어 많은 사람들이 스피치를 전문적으로 배우기 위해 스피치 교육원을 찾고 있습니다."

↓

"요즘 말 잘하는 사람이 성공한다고 합니다. / 예를 들어 직장에서도 프레젠테이션을 잘하는 사람들이 역량을 더 인정받아 승진의 기회를 얻는 경우가 많습니다. / 이런 이유로 많은 사람들이 스피치를 전문적으로 배우기 위해 스피치 교육원을 찾고 있습니다."

길게 늘어진 하나의 문장을 세 개의 문장으로 나누고, 그 사이에 연결어만 끼워 넣었다. 어떤가? 들으면서 즉각적으로 이해하기 쉬운 경쾌한 스피치가 되었다.

Skill 3
쉬운 단어로 풀어 말하라

'한자와 영어, 전문 용어를 사용하면 똑똑한 사람으로 보일거야. 그럴 듯하게 말해야 사람들이 나를 전문가로 인정해주겠지? 쉽게 말하면 내 수준이 낮아 보일지도 몰라'라는 생각에 일부러 어렵게 말하는 사람들이 있다. 그러나 스피치는 절대 자신의 잘남을 자랑하는 자리가 아니다. 오히려 잘난 척으로 청중에게 외면받기 쉽다. 내가 미래학자의 강연에 집중할 수 없었던 까닭도 마찬가지다. 청중과 소통하기 위해서는 내겐 익숙한 내용이라도, 청중이 쉽게 알아들을 수 있도록 배려하며 말해야 한다.

'쉽게 말한다'는 것의 가장 정확한 의미는 '되도록 일반 사람들이 많이 사용하는 친숙한 단어로 말한다'는 뜻이다. 그래야 청중은 들으면서 즉각적으로 의미를 받아들이게 돼 이해의 속도가 빨라진다.

보이스 트레이닝 강의를 하다가 한 번은 어떤 교육생에게 "아성이 있어요"라는 표현을 썼는데, 그분이 "아성이 뭐예요?"라고 물어서 아차 했던 적이 있다. 아성은 어린아이의 목소리를 뜻한다. 어른인데도 아이같이 작고 약한 소리, 아이 같은 어투를 쓰는 사람에게 '아성이 있다'는 표현을 한다. 내겐 일상적으로 쓰는 용어다보니 상대가 그 뜻을 모를 수도 있다는 사실을 간과한 것이다.

이처럼 자신에게 익숙한 표현일수록 상대방이 이 말을 아는지 모르는지, 어렵게 느낄 수 있는지 인식조차 하지 못할 때가 있다. 한 분야의 전문가들만 모인 특수한 자리가 아닌 이상, 스피치를 할 때는 초등학교 4~5학년 어린이에게 설명한다는 마음으로 언제나 쉽고도 친숙하게 하는 것이 좋다.

오늘의 낭독

다음 글을 소리 내어 읽어봅시다. 말이든 글이든 '쉽고 단순하게'의 법칙을 잊지 맙시다.

내가 살면서 고수한 한 가지 원칙은 '아니오'라고 대답해야 할 명백한 이유가 없는 한 '네'라고 대답하는 거야. 내 삶에 '아니오'라는 대답은 없었다네. 나는 내게 주어진 일들을 흔쾌히 받아들였지. 재미있는 일은 아니었지만 하다보면 흥미가 생기는 경우가 많았어. '네'라고 말할 때 기회가 온다네. 하지만 그 기회가 두 번씩 오는 경우는 많지 않지. 이 긍정의 원칙은 '이 일을 하겠습니까?' 하고 묻는 사람이 있는 곳이면 어디든, 직장이든 봉사활동을 하는 곳이건 다른 곳이건 어디라도 해당되지. '좋아, 해보자' 하고 받아들이는 거야. '새로운 일은 하고 싶지 않은데'라고 생각하는 순간 삶은 지루해져. 자격이 없다고 생각해서 망설여서는 안 된다네. 나 역시 내가 자격이 없다고 생각했지만 그냥 받아들였던 일들을 얼마든지 떠올릴 수 있네. 누구든 새로운 일을 통해 또 다른 무언가를 배울 수 있고 여러 가지 방식으로 보상받을 수도 있어. '아뇨, 못하겠는데요' 혹은 '하고 싶지 않은데요'라고 말하는 사람은 많은 것들을 놓치기 마련이지. 삶은 모험이야. 모험을 하려면 먼저 '네'라고 대답해야 한다네.

_칼 필레머 | 토네이도 | 《내가 알고 있는 걸 당신도 알게 된다면》에서

스피치 예문

나의 스트레스 해소법

우리 잠깐, 상상을 해볼까요? 여러분은 지금 운동을 하고 있습니다. 약 한 시간 운동을 하다보니 땀이 얼굴과 등줄기로 줄줄줄 흐릅니다. 자, 이때 시원한 물 한잔을 벌컥벌컥 마십니다. 그리고 뜨거운 물에 샤워를 하고, 천천히 나와서 상쾌한 공기를 마십니다. 어떤가요? 상상만으로도 기분이 좋아지지 않습니까?

제가 스트레스를 해소하는 방법은 바로 운동입니다. 운동을 하다보면 흘러내리는 땀에 스트레스까지 같이 씻겨 내려가는 느낌이 듭니다. 방금 운동을 하면서 땀을 쫙 빼는 것을 상상하는 것만으로도 상쾌한 기분이 드셨죠?

실제로 운동을 하면 스트레스 호르몬이 덜 나오고, 일명 행복 호르몬'이라고 불리는 세로토닌이 나오기 때문에 기분이 좋아진다고 합니다. 또 운동을 할 때의 좋은 점으로는 운동하는 시간만큼은 스트레스 받는 일을 잊고, 머릿속을 잠시 비울 수 있다는 것입니다. 몸은 힘들지만 뇌에게 주는 휴식 시간인 셈이죠. 그리고 운동하는 시간만큼은 오직 나를 위해서 무언가 하고 있다는 생각에 자존감이 높아지기도 합니다.

인생은 운동과 같다고 해요. 더 힘들수록 자신이 더 강해지기 때문인데요. 운동으로 어려운 상황에서 받는 스트레스를 슬기롭게 극복해 보는 것은 어떨까요?

오늘의 트레이닝

● 자신의 직무, 전문분야 혹은 가장 잘 아는 주제에 대해 청중이 잘 모르는 상태라고 가정하고 알기 쉽게 설명해봅시다.

주제 :

ex) 기획 직무 소개, 주식 투자 잘하는 법, 나만의 요리 레시피 등

Opening	
Storytelling	

closing	

SECRET 12

Repeat 화법

다양한 방법으로 핵심을 반복하라

"좋은 스피치란 무엇인가?"

여러 가지 대답이 나올 수 있겠다. 감동이 있는 스피치, 동기부여가 되는 스피치, 설득력 있는 스피치, 내 인생에 자극을 주는 스피치… 모두 맞는 말이다. 그런데 감동과 동기부여, 설득 이전에 스피치는 일단 우리 뇌 속에 '기억'되어야 한다.

특히 30분 이상의 긴 스피치를 하게 되면, 하나의 커다란 주제 아래에 핵심 내용을 여러 개 담게 되는데, 인간의 뇌는 정보량이 너무 많으면 이를 효율적으로 구분하고 보관하는 데 어려움을 느낀다. 하나의 핵심에서 다른 핵심으로 넘어가면 조금 전에 이야기한 내용조차 잊어버리고 만다. 당신은 정말 열심히 준비하고 열변을 토해가며 이야기했는데, 누군가는 돌아가는 길에 '오늘 내가 대체 뭘 들은 거지? 그래서 뭐가 중요하다고 했더라?' 하는 생각을 한다면 얼마나 허무하겠는가.

나의 직업이 지식을 전달하고 이해시키고 설득하는 강사이기에 사람들에게 내 강의가 더 잘, 더 오래 기억되길 바라는 마음이 큰지도 모르겠다. 동기부여만 하면 뭐하나, 기억이 나야 뭐라도 하나 실천하고 행동해볼 것 아닌가. 그래서 여러 가지 방법을 써본 결과 '핵심을 반복해서 말하는 기법(Repeat 화법)'이야말로 청중의 기억에 오래 남는 스피치를 만드는 탁월한 방법임을 알게 되었다.

가끔 자신도 모르게 입으로 흥얼거리게 되는 광고 카피나 로고송이 있을 것이다. 물론 흥겨운 멜로디도 한몫 하겠지만 이렇게 잘 기억되는 광고를 가만히 들어보면 제품이나 기업 이름이 보통 서너 번씩은 반복된다.

스피치도 청중이 주요내용을 쉽게 기억할 수 있도록 해줘야 한다. 그건 오롯이 발표자의 몫이다. 만일 청중이 기억을 못한다면 그건 절대 청중의 부주의나 뇌 용량 때문이 아니라 오직 '내 탓'인 것이다. 명심하라. '스피치의 성공 여부는 오로지 나의 책임이다. 내게 달려 있다!'라는 생각이 스스로를 발전으로 이끈다.

Skill 1

오버뷰와 중간정리로 핵심을 반복하라

〈시크릿5 Logic 구성법〉에서 잠시 언급했던 OSC 법칙의 확장인 OOSSC 법칙을 기억하는가?

핵심 내용의 첫 번째 언급은 오버뷰(Overview)에서 이루어진다. 긴 스피치일수록 오프닝에 이어 전체 스피치의 큰 그림을 보여주는 '오버뷰' 단계가 있는 것이 좋다. 그래야만 청중은 '아, 스피치가 이러한 순서로 이렇게 흘러가겠구나!' 하면서 들을 마음의 준비를 한다. 전체 내용이 미리 언급되기 때문에 청중의 머릿속에 커다란 지도가 그려져 스피치의 흐름을 잘 따라가게 된다. 또한 청중 나름대로 들으면서 내용을 정리하는 '체계적 듣기'를 시행한다. 이렇듯 오버뷰는 커다란 숲을 먼저 보여줌으로써, 청중이 다음에 이어지는 세부 내용을 잘 기억하고 흡수할 수 있게 도와준다.

프레젠테이션으로 치자면 초반에 목차를 설명하는 시간인데, 목차 슬라이드 한 장을 쓱 보여주면서 "오늘 발표는 이 순서로 진행하겠습니다" 하고 빠르게 넘어가는 사람이 의외로 많다. 이때 청중은 어리둥절하다. 짧은 순간이라 뭘 보고, 들었는지조차 기억할 수 없기 때문이다.

- 목차 -

1. 회사의 지난 10년

2. 현재의 위상

3. 회사의 미래 비전

이와 같이 단어로 이루어진 목차를 문자 그대로 딱딱하게 읽고만 넘길 것이 아니라, 다음과 같이 살을 붙여서 이해하기 쉽게 말하는 것이 좋다.

"저는 오늘 우리 회사의 지난 10년 간 걸어온 발자취를 우선 말씀드리고, 현재의 위상에 대해 분석한 결과를 알려드리겠습니다. 그리고 대표님이 늘 하시는 말씀이 있죠. '창조 혁신을 선도해나가는 기업이 되자!' 마지막으로 우리 회사가 앞으로 나아가야 할 미래의 비전에 대해서 말씀드리겠습니다."

친절한 오버뷰에 청중은 이제야 마음이 편해진다.

이후 본론으로 들어가 각 소주제의 핵심내용을 풀어낼 텐데 이때도 역시 소주제 하나가 끝나고 나면 그 안에 담겼던 핵심사항을 정리해주면 좋다. 들은 것을 잘 기억하고 있는지 확인하기 위해 청중에게 간단한 질문을 하고 대답을 들으면서 함께 정리해나가는 것도 좋은 방법이다. 다시 되짚어주면 청중은 들은 내용이 한 번에 싹 정리되고, 본인이 잘 이해하며 따라가고 있다는 생각에 흥이 나서 더욱 집중하게 된다. 이렇게 청중의 기억 저장창고에 정보를 친절하게 차곡차곡 쌓아주도록 하자.

Skill 2

청중이 입을 열어 따라하게 하라

스피치를 하면서 청중이 꼭 기억했으면 하는 중요한 단어나 내용이 있다면 소리 내어 따라하게 해보라. 어린 시절, 선생님이 "병아리!" 하면 "삐약삐약!" 하고 대답했던 것처럼, 쉬운 내용을 다 같이 합창하듯 반복하게 하는 것이다. 누구나 입을 열어 대답할 수 있고 대답해도 틀릴 염려가 없으니 부끄럼 많은 청중도 마음 놓고 신나게 참여할 수 있다. 더불어 말을 주거니 받거니 발표자와 청중 간의 원활한 소통 덕에 분위기가 훈훈해진다.

언뜻 생각하면 유치할 듯 싶지만 실제 해보면 그렇지 않다. 10대부터 40~50대, 나이 지긋한 어르신들까지 모두가 한 목소리로 곧잘 따라 하며 재미있어

한다. 특히 어려운 용어를 설명하거나 꼭 기억시키고 싶을 때 활용하면 좋다. 매우 단순하고 쉬운 방법이지만 청중의 집중도를 높이고 기억력을 향상시키는데 그 몫을 톡톡히 한다.

다음은 김창옥 교수의 강연 내용 중 일부이다. 프로강사들이 자주 사용하는 반복기법이 잘 나타나 있다.

> "사람의 몸에서 음식으로 섭취가 안 되고, 약으로도 아직 만들지 못한 게 있는데 그게 다이돌핀이라는 물질이라고 합니다. 엔돌핀의 4000배 효과를 낸다고 포털사이트에는 나와 있습니다.
> 다이돌핀. 무슨 돌핀이요? (청중이 다같이 "다이돌핀!" 하고 외친다) 다이돌핀. 다이돌핀은 정말 엄청난 효과를 갖고 있는데, 언제 나오는지를 소개하고 마치려고 합니다. 인간이 감동받거나 깨달을 때, 다이돌핀이 나온답니다."

이렇게 다이돌핀이라는 물질을 소개하면서, 무려 5번을 반복한다. 그리고 청중이 기억하게끔 질문하고 바로 소리 내어 따라 하게 만든다. 잊으려야 잊을 수가 없다. 다이돌핀!

Skill 3

마지막에 전체 핵심을 다시 요약하라

핵심 내용의 마지막 언급은 Summary(요약)에서 이루어진다. 본론 다음에 전체적 핵심을 다시 한 번 요약하면서 반복해주는 것이다. 이것은 앞서 배운 3의 법칙과도 일맥상통하는데, 스피치에는 '3말 법칙'이 있다. 무슨 법칙이 있다고? 3말 법칙!

3말 법칙의 의미는 '말할 것을 말하라. 말하라. 말한 것을 말하라'이다.

① 말할 것을 말하라 : 앞으로 무엇을 말할 것인지 말하라 (서론)

② 말하라 : 본격적인 내용을 말하라 (본론)

③ 말한 것을 말하라 : 이전에 말한 것을 다시 한 번 말하라 (결론)

이렇게 하면 하나의 내용을 최소 3번은 반복하게 되어 있다. 앞서 언급한 중간 정리까지 더하면 4번 반복이다. 내가 무려 4번! 4번이나 반복했는데, 그것도 입을 열어 따라 하게까지 했는데 기억하지 못하는 청중은 아마 없을 것이다. 제발 그러길 바란다.

다음은 앞서 소개했던 강연의 뒤에 이어지는 클로징이다. 여기서도 중요내용이 계속해서 반복되고 있다.

"성경에는 '진리를 알지니 진리가 너희를 자유케 하리라'는 말이 있죠. 불교에서도 중요하게 생각하는 것이 바로 깨달음입니다. 인간이 깨닫고 감동받을 때 다이돌핀이 나온대요. 그래서 성직자가 제일 오래 살고, 2위는 지휘자가 최고로 장수하는 직업이랍니다.
그러니까 오늘 여러분, 여기 잘 오신 거예요. 의학적인 효과가 지금 몸에서 일어나고 있는 겁니다. 오래 살고 싶은 마음에, 억지로 엄청 잘 깨닫고 계시네요. (청중 웃음)
여러분, 좋은 것 가까이 하십시오. 가을이 무르익어가는 이 시간에 좋은 것 가까이 하시고요, 아~! 라고 할 만한 강의, 아~! 라고 할 만한 책, 아~! 라고 할 만한 사람을 만나서 어우러져 함께 놀다보면 우리의 인생이 더욱 행복해질 거라 확신합니다."

대부분의 청중은 그다지 적극적이거나 자발적이지 않다. 큰 노력 없이 편하게 내용을 흡수하고 싶어 한다. 밥을 떠서 맛있는 반찬까지 얹어 쏘옥 입안에 넣어주길 원한다. 청중이 원한다면 그렇게 해주자. 방법은 간단하다. 핵심을 반복하라!

오늘의 낭독

다음 글을 찬찬히 읽으며, 낭독을 통해 자연스럽게 반복기법을 익혀 봅시다.

인도자가 위에게 내준 숙제, 인생의 키워드는 배려였다. 위는 다시 양복 주머니를 뒤졌다. 지갑 속에는 나머지 두 개의 카드가 들어 있었다. 위는 세 카드 모두를 반복해서 읽고 또 읽었다. 마치 인도자의 목소리가 들리는 듯했다.

첫 번째 메시지는 '스스로를 위한 배려'가 된다. 솔직하라! 이것은 행복의 조건이다. 두 번째 메시지는 '너와 나를 위한 배려'로, 상대방의 관점으로 보라는 교훈이다. 이것으로부터 즐거움이 시작된다. 마지막 세 번째 키워드는 바로 '모두를 위한 배려'이고 실천 명령은 '통찰력을 가지라'는 것이었다. 여기에서 진정한 성공을 얻게 된다는 메시지였다.

행복과 즐거움, 그리고 성공의 조건은 바로 모두 '배려'라는 키워드에 달려 있었다. 인도자가 위에게 주고자 한 메시지는 분명했다. 배려의 가치를 깨닫게 하는 것이었다.

_한상복 | 위즈덤하우스 | 《배려》에서

스피치 예문

잠들기 전 실천할 수 있는 성장 습관

여러분은 잠들기 전에 무엇을 하시나요? 요즘은 누워서 스마트폰을 보다가 잠드는 분들도 있을 것 같고요, TV를 보거나 이런 저런 잡다한 생각을 하는 분들도 있을 텐데요. 성공하는 사람들은 잠들기 전의 시간을 아주 의미 있게 활용한다고 합니다. 그래서 저도 저만의 잠들기 전 습관을 세워봤는데요. 일명, '5, 10, 15법칙'입니다.

첫 번째, 같이 따라 해보세요. '하루 5분, 그날의 일과를 되돌아보라!' 그날 하루를 의미 있게 보냈는지 딱 5분만 시간을 내서 돌아보세요. 그리고 그날 감사할 일은 무엇이 있었는지 생각해보는 겁니다. 그러면 오늘 하루가 전혀 다르게 느껴집니다.

두 번째, 같이 따라 해볼까요? '하루 10분, 다음 날의 계획을 세워라!' 아메리칸 익스프레스 CEO 케네스 체놀트는 자기 전에 내일 꼭 해야 할 일 3가지를 정하고 잠이 든다고 합니다. 밤에 책상에 앉아 다이어리를 펴고 할 일을 점검한다고 생각하면 정말 피곤하지요. 그래서 자기 전에 누운 상태에서 머릿속으로 3가지만 정하는 겁니다.

세 번째도 같이 따라 해봅시다. '하루 15분, 꿈을 생생히 그려라!' 오랫동안 꿈을 그리는 자는 그 꿈을 닮아간다는 말이 있습니다. 나의 목표와 꿈을 끊임없이 그리면서 하루하루 그 꿈에 가까워지는 겁니다. 15분 동안 여러분의 꿈이 현실로 이루어지는 것을 생생히 마음속에 그려보세요.

자, 지금까지 우리가 더욱 성장하기 위해 잠들기 전에 실천할 수 있는 습관 3가지를 알아봤습니다. 무슨 법칙이라고요? 네! '5, 10, 15법칙'입니다. 5분 동안 하루를 돌아보고, 10분 동안 내일의 계획을 세우고, 15분 동안 꿈을 그려라. 모두 기억하셨죠? '어제를 배우고, 오늘을 살며, 내일을 꿈꿔라'라는 말이 있습니다. 자기 전 30분만 투자한다면, 여러분은 매일 성장하는 삶을 사실 수 있습니다.

오늘의 트레이닝

● 여러분이 대학생이라면 신입생에게, 직장인이라면 신입사원에게 '대학생활(회사생활) 이것만은 꼭 지키자!'라는 내용으로 핵심을 최소 3번 이상 반복해 청중의 머릿속에 각인될 수 있는 스피치를 해봅시다.

Key Message	

Opening	
Overview	
Storytelling	

Summary	
closing	

*체크포인트 : 청중이 입을 열어 핵심단어를 따라하게 했는가?

SECRET 13

Share 화법

모든 것은 공감을 위해 준비하라

사람들이 스피치를 들으면서 흥미를 느끼고, 웃음을 짓고, 감동을 받는 건 대체 무엇 때문일까? 거듭된 고민 끝에 마침내 내가 찾은 답은 '공감'이었다. 정말 웃기기로 유명한 미국 코미디 프로그램을 봐도 우리나라 사람들이 잘 웃지 않는 이유는, 공감하지 못해서다. 번역된 외국 서적을 읽을 때 감동이 덜한 것 역시 다른 언어에서 오는 차이, 문화적 간극에 의해 공감하는 부분이 적은 탓이다.

'커뮤니케이션'이란 말의 어원은 '공유하다' '함께 나누다'라는 뜻의 라틴어에서 나왔다고 한다. 즉, 공통의 경험과 감정을 나누는 것이야말로 진정한 커뮤니케이션이자 소통인 셈이다.

그래서일까? 소통의 달인들은 '맞아 맞아!' '어머, 어쩜 나랑 똑같지?' '나도 그래!' '저런…' 하면서 상대방의 말에 맞장구를 잘 치고 공감을 잘하는 것을 볼 수 있다. 공통의 감정을 공유하면서 관계를 더욱 돈독히 하는 공감 대화법을 활용하는 것이다. 우리가 누군가에게 나의 고민을 이야기할 때 꼭 해결책을 원하는 것은 아니다. 내 마음을 공감하고 알아주는 것만으로도 충분한 위로가 되지 않던가.

스피치를 할 때에도 청중을 울고 웃기는 데 탁월한 사람들이 있다. 그런 사람들을 관찰해보면, '공감 화법(Share 화법: 감정을 나누는 화법)'을 기가 막히게 구사하곤 한다. 사람들이 어디서 웃을지, 어디서 감동받을지를 정확하게 알고 있는 것이다. 청중이 현재 어떤 상황과 감정인지를 미리 파악하고 철저히 준비했기에 가능한 일이다.

'저 사람은 내 속에 들어와봤나? 어쩜 내 마음을 훤히 들여다보는 것처럼 얘기하지?' 같은 반응을 자연스럽게 불러일으키는 것이 바로 공감의 힘이다. 절로 고개를 끄덕이게 하고 마음을 훈훈하게 덥혀주는 공감 스피치의 3가지 스킬을 익혀보자. 청중의 마음을 읽고 공감하고 어루만지는 따스한 스피치, 당신도 할 수 있다!

Skill 1

누구나 느끼는 보편적인 감정을 이야기하라

사람에게는 같은 인간이기 때문에 느끼는 보편적인 감정이 있다. 예를 들어 부모와 자식 간의 애틋한 마음, 새로운 일에 도전할 때의 두려움, 무언가를 성취했을 때의 뿌듯함, 사랑하는 사람을 기다릴 때의 설렘 등 살면서 누구나 느낄 법한, 그래서 예상할 수 있는 감정 말이다. 스피치를 할 때는 바로 그러한 감정을 끄집어내 공감하게 하는 것이 중요하다. 아주 일상적이고 사소한 상황에서 누구나 느낄 법한 감정도 괜찮다.

다음 스피치를 보자. 괄호 안의 행동과 말은 청중의 반응이다.

"아침에 어떤 옷을 입었느냐에 따라 그 날의 기분이 달라지는 경험, 다들 해보셨을 거예요. (끄덕끄덕) 어디 기분뿐인가요? 걸음걸이, 자세가 달라지고 누군가를 만났을 때 표정부터가 달라집니다. 더 밝고 환하게 웃으면서 먼저 인사하게 되지요. (맞아 맞아) 그런데 반대로 아침에 늦잠을 자서 허둥지둥 대충 걸치고 나온 날, 내가 봐도 후줄근해 보이는 날은 어떻습니까? 누굴 마주쳐도 고개를 당당히 들기가 어렵습니다. 제발 오늘은 아무도 만나고 싶지 않고, 집에 얼른 들어가고만 싶지요. (얼굴을 찌푸리며 끄덕끄덕) 자, 이렇게 옷은 나의 내적 자신감과도 밀접한 연관이 되어 있습니다. 여러분, 중요한 프레젠테이션이 있는 날, 대충 아무 옷이나 입으실 건가요? (고개를 절레절레)"

10년 넘게 강의를 하다보니, 다양한 청중이라도 내 말에 반응하는 포인트는 거의 비슷하다는 사실을 알게 되었다. 일반적으로 웃는 대목에서 다 같이 웃고, 감동을 받는 타이밍에 어김없이 감격스러운 표정을 보인다. 물론 대다수가 깔깔깔 웃는 강력한 유머장치에도 불구하고 절대 웃지 않는, 너무 점잖아서 얄미운(?) 청중도 가끔 있지만 이는 소수에 불과하다. 따라서 감정의 보편성을 생각하면서 스피치를 구상하면 어느 정도 청중의 반응을 예상할 수 있다.

만약 나 혼자만의 판단이 좀 부족하다 싶을 땐 친한 사람들 앞에서 실전 연습을 해볼 것을 추천한다. 그들의 반응이 곧 앞으로 겪게 될 청중의 반응과 크게 다르지 않기 때문이다.

Skill 2

청중의 상황과 감정을 읽어라

직장 내에서 신입사원 교육을 담당한 중년 간부의 강의 코칭을 맡은 적이 있다. 다양한 사례를 찾아 강의를 알차게 만들어나가는 모습이 인상적이었는데, 찾은 사례 중 하나가 '김영삼, 김대중 전 대통령의 성격'에 관한 내용이었다. 듣는 순간 난 고개가 갸우뚱해졌다. 아니, 지금 신입사원이면 20대 중반이 대부분일 텐데, 10여 년 전 대통령의 성격에 흥미를 느낄 리가 있겠는가! 강사의 연령대가 50대이다보니 그분에게는 자연스럽게 떠오른 사례일 테지만, 젊은 청중에겐 적합하지 않았다. 나는 즉시 20대가 관심 가질 만한 다른 사례를 찾을 것을 주문했다. 이렇듯 특정 청중이 있는 경우에는 그들의 연령이나 성별, 관심사 등에 따라 그들이 공감할 수 있는 사례를 드는 것이 중요하다.

한편, 같은 내용을 말하더라도 청중에 따라 상황 단어만 달리 표현해도 공감도가 높아진다. 예를 들어 목소리의 중요성을 이야기할 때, 학생들을 대상으로 한다면 "여러분, 학교에서 발표 수업이 많을 텐데요, 자신감 넘치는 좋은 목소리로 발표하고 싶지요?"라고 말할 수 있을 것이고, 직장인을 대상으로 할 때는 "여러분, 회사에서 보고나 프레젠테이션을 할 기회가 많으시죠? 이때 어떤 목소리로 하는 것이 좋을까요?"라는 식으로 단어만 바꿔 이야기를 풀어나갈 수 있다. 즉, 청중이 자주 접하는 상황 단어를 사용해야 내 이야기 같다는 느낌에 공감이 쉬워진다.

또 청중이 누구인지에 따라, 현재 느끼는 감정을 읽어 내는 것도 공감대 형성에 있어 매우 중요하다.

- **청중이 취업준비생일 때:** 여러분 요즘, 취업 때문에 걱정이 많으시죠?
- **청중이 신입사원일 때:** 이제 막 회사에 첫발을 내딛은 여러분, 어서 업무에 잘 적응하고 인정받고 싶다는 의욕으로 가득 차 있으실 겁니다.
- **청중이 CEO일 때:** 리더는 외롭다고들 하지요. 여기 계신 대표님들 역시 가끔은 그런 외로움을 절실히 느끼실 겁니다.

이렇게 그들이 느끼는 감정을 그대로 언어로 표현해주면 청중은 발표자가 내 마음을 알아준다는 느낌에 그를 더 신뢰하게 된다. 이를 위해서는 사전에 청중이 누구인지, 어떤 상황인지, 어떤 감정을 느끼고 있을지 알고 있어야 한다. 그리고 그들의 마음 상태를 어떤 표현으로 끄집어낼지 미리 고민해봐야 한다.

Skill 3

나도 당신과 똑같다는 점을 어필하라

'여러분의 심정을 나는 잘 알고 있다'를 넘어서서 '나도 여러분과 똑같다'라는 것을 어필하면 청중은 발표자에게 더욱 가까워진다. 처음 본 사람이라 하더라도 같은 지역, 같은 학교 출신이라는 사실을 알게 되면 신기하게도 순식간에 가까워지는 것처럼 말이다. 심리학에서 말하는 '유사성의 법칙'에 따라 누구나 자신과 공통점이 있는 사람에게 끌리고 신뢰감을 느낀다. 때문에 상대방의 호감을 얻기 위해서는 서로의 공통점을 재빨리 찾아 언급할 것을 권한다.

"저도 작게나마 회사를 하나 차리고 보니, 전 직원을 이끄는 리더십을 발휘한다는 게 굉장히 어렵더라고요. 여기 계신 대표님들은 정말 대단하신 겁니다. 이만큼 크게 회사를 성장시키는 동안 리더십에 대한 고민을 누구보다도 많이 하셨으리라 생각합니다."

"여러분을 보니, 저도 예전에 취업 준비할 때가 생각납니다. 수백 대의 경쟁률을 생각하면 막막하기만 하고, 두렵고, 과연 내가 합격할 수 있을까 하는 부정적인 생각에 밤잠을 설친 적이 많았습니다."

이렇듯 청중과의 연결고리가 될 공통점을 찾아보라. 둘 사이의 교집합이 많으면 많을수록 분위기는 더욱 우호적이고 따뜻해진다. 기억하라. '나는 당신의 마음을 알고 있고, 이해하고 있으며, 나도 당신과 똑같다!'라는 것을 표현해야 한다. 청중은 쉽게 내게 마음을 주지 않는다. 내가 그들을 생각하고 노력을 기울인 만큼만 내게 마음을 연다.

오늘의 낭독

다음 글은 공감을 불러일으킬 만한 내용으로 이루어져 있습니다. 감정을 느껴가며 낭독해봅시다.

《세일즈맨의 죽음》은 산업화되고 물질주의화된 현대문명 속에서 마치 하나의 소모품처럼 버려지는 소시민의 삶을 그리고 있다. 처음 막이 오르면, 윌리는 견본이 가득 든 무거운 가방을 양손에 들고 집으로 돌아온다. 세일즈 여행에서 돌아오는 그의 어깨는 축 처지고 지칠 대로 지쳐 있다. 그러나 밀러는 윌리가 파는 물건이 무엇이며, 그 가방 안에는 어떤 견본이 들어 있는지 밝히지 않고 있다. 그 내용물이 무엇이든, 궁극적으로 윌리가 팔고 있는 것은 어쩌면 자기 자신인지도 모른다.

아들들이 사회적으로 '성공'이라는 것을 하지 못한 아버지에게 등을 돌릴 때, 끝까지 깊은 연민과 이해로 남편을 지키는 린다는 말한다.

"너희 아버지가 대단히 훌륭한 사람이란 건 아니야. 윌리 로우맨은 큰돈을 번 일도 없고, 신문에 이름이 난 적도 없어. 하지만 네 아버지도 인간이야. 그러니까 소중히 대해 드려야 해. 늙은 개처럼 객사를 시켜서는 안 돼."

대부분의 아버지들은 윌리 로우맨처럼 큰돈을 버는 일도, 신문에 이름이 나는 일도 없다. 가끔씩 '인생역전'의 허무맹랑한 꿈도 꾸어 보지만, 매일 매일 가족을 위해 더러워도 허리 굽히고 손 비비며 성실하게 살아간다.

그래서 오늘도 아버지들은 가슴속에 꿈 하나 숨기고 자신을 팔기 위해 무거운 가방 들고 정글 같은 세상으로 나간다.

_장영희 | 샘터 | 《문학의 숲을 거닐다》에서

스피치 예문

첫 알람에 깨어나
아침을 여유 있게 보내자

모두 주무시기 전 휴대폰으로 알람 맞추시죠? 여러분은 알람이 울리자마자 한 번에 벌떡 일어나시나요? 저는 부끄럽게도 알람이 서너 번 울리고 나서야 겨우 일어나는 편입니다.

그래서 제 올해 목표는 '첫 알람에 깨어나자'입니다. 이 목표는 아침 시간을 여유 있게, 잘 활용하기 위해서 야심차게 정한 것인데요. 아침에 계속 알람을 끄고 늑장을 부리다가 조금이라도 늦게 일어난 날이면, 5분 차이로 정말 분주해집니다. 지하철 시간을 실시간으로 확인하며 계단을 뛰어 내려가고요, 늦어서 택시를 탄 날에는 계속 시계만 바라보며 발을 동동 구릅니다. 그런 날은 길도 엄청 막히지요. 가까스로 사무실에 딱 맞춰 도착해도, 아침의 그 분주함이 하루 종일 이어질 때가 많았습니다.

그런데 하루는 알람이 울리지도 않았는데 눈이 번쩍 떠져서 일찍 사무실에 도착한 적이 있습니다. 회사 앞 카페에서 아메리카노 한잔을 사들고 우아하게 걸어서 사무실에 들어갈 정도로 여유가 있었어요.

그날 자리에 앉아 책상을 정리하고 다이어리에 중요한 업무를 기록하면서, '아, 5분 일찍 일어났더니 아침이 이렇게 달라지는구나!'를 뼈저리게 느꼈습니다. 그래서 올해는 꼭 첫 알람에 깨어나 아침을 여유 있게 보내야겠다고 다짐했습니다.

여러분, 요즘 날씨도 춥고 아침에 일어나기 더 힘드실 겁니다. 네, 저도 그렇습니다. 하지만 그 순간 발휘하는 작은 의지와 5분의 부지런함이 하루의 컨디션을 좌우합니다. 여러분도 내일부터 첫 알람에 벌떡 일어나보세요!

오늘의 트레이닝

● 다음 단어와 연상되는 보편적 감정을 토대로 공감을 불러일으키는 스피치를 해봅시다.

엄마　시험　첫사랑

● 성별, 나이, 직업에 따라 공감 가능한 주제와 내용을 생각해봅시다.

성별	남성	
	여성	

ex) 여성 - 아름다워지고 싶은 욕구, 다이어트 비법 등

나이	10대	
	20대	
	30~40대	
	50~60대	

ex) 20대 - 청춘의 꿈과 자유, 사랑 등

기타 (직업, 지위)	직장인	
	학부모	
	주부	
	사업가	

ex) 직장인 - 이런 직장상사 꼭 있다, 직장에서 원만한 인간관계를 맺는 법 등

SECRET 14

Detail 표현법

들려주기보다 보여주려 노력하라

이번 책을 쓰면서 가장 공을 들인 부분이라 해도 과언이 아닌 3일 간의 '표현법' 파트가 지금 시작됐다. 이름하여 DDP(Detail, Different, Poem) 표현법. 동대문 디자인 플라자의 약자와도 같으니 잊을 리 없다. DDP에서 첫 번째로 다루는 것은 바로 Detail 표현법이다. 다음 대화를 먼저 읽어보자.

현수 : 은진아, 너 블로그 보니까 홍대 파스타집 다녀왔더라. 거기 어땠어?

은진 : 사진 봤어? 보기에도 정말 맛있어 보이지? 거기가 파스타 면을 매일 아침마다

1시간씩 직접 뽑는대. 만든 지 얼마 안 돼서 그런지 씹을 때도 쫄깃쫄깃 탱탱하면서도 정말 부드럽더라. 소스도 주방장이 직접 개발한 특제소스라는데 일반 파스타 집과는 맛이 달라. 나는 크림 파스타로 먹었는데, 크림이 느끼하지도 않고 엄청 고소하더라고. 마지막엔 숟가락으로 소스만 떠먹었을 정도라니까? 치즈와 생크림의 조화가 정말 좋았어. 아! 생각만 해도 입에 또 침이 고인다…

일상생활 속에서 친구와 흔히 나누는 대화다. "거기 음식 어땠어?"라고 물을 때, 단순히 "좋았어, 맛있었어"가 아니라 구체적으로 세부적인 묘사를 하면 훨씬 사실적으로 와 닿는다. 지금 당장이라도 그 맛집에 찾아가고 싶어질 정도다. 어디 맛집뿐이겠는가. 멋진 여행지를 소개할 때, 어떤 사람을 묘사할 때, 상황을 설명할 때에도 구체적인 표현은 팔딱팔딱 생동하는 느낌을 상대에게 선사한다. 또 말하는 사람 스스로도 자신의 말에 푹 빠질 수 있어 더 신이 난다.

"귀를 통해서 들은 것을 눈에 보이도록 만드는 사람이 말을 가장 잘하는 사람이다"라는 아라비아 속담이 있다. 말하는 내용이 청중의 머릿속에 생생하게 떠오르도록 마치 그림을 그리듯이 표현해보자. 이러한 묘사력은 구체적(Detail)으로 이야기할 때 비로소 가능해지는데, 시각·청각·후각·미각·촉각 등 오감을 자극하는 말을 하면 상대가 내용을 즉각적으로 상상하는 데 도움을 줄 수 있다. 단순한 전달이 아니라 말로써 보여주고, 들려주고, 온몸으로 느끼게끔 해보자. 말이 흥겹고 맛있어진다.

Skill 1

추상적 단어가 아닌 세부묘사를 하라

다음 두 글을 읽어보자. 하나는 면접 자기소개의 일부이고, 다른 하나는 학교장 취임사의 일부분이다.

> "미국에서 한인학생회장을 하며 얻은 기회창출 경험은 리더십뿐만 아니라 협력과 상생이라는 또 다른 가치를 발견하게 하였습니다. 한국에서 동아리 활동이나 사회활동을 통해 팔로우십을 발휘한 적은 많지만, 타지에서 한 조직의 리더를 맡아 창조적 생각으로 타인을 위해 봉사한 값진 경험이었습니다."
>
> "학생은 꿈과 희망을 키우고, 교사는 전문성을 발휘하여 가르치고, 학부모는 학교를 사랑하고, 지역사회는 학교를 돕도록 함으로써 사랑과 정성으로 가르치는 선생님과 존경과 믿음으로 가르침을 따르는 학생들이 서로 만나 자아를 실현할 수 있는 학교문화를 창조하는 데 열정을 바치고 헌신을 다하는 교장이 되고 싶습니다."

여러분이 위 이야기를 듣는 청중이라면 어떻겠는가? '아, 이 친구는 리더십이 있고, 창조적인 인재구나!'라는 생각이 드는가? '우와, 우리 새로운 교장 선생님은 열정과 헌신이 있는 분이구나!' 하는 감동이 있겠는가?

분명 아닐 것이다. 듣고 나서 기억에 남는 것들이 하나도 없다. 리더십, 창조,

상생, 노력, 열정… 이 같은 추상적인 단어들은 실체가 없기 때문에 구체적인 영상을 만들어내지 못한다. 추상적인 단어는 필요한 경우에 한정해서 사용해야 한다. 이보다는 기억하는데 도움이 되는 구체적인 단어로 자세하게 표현하는 것이 좋다.

"저는 성실합니다"보다는 "저는 중·고등학교 6년 동안 개근을 했습니다"라는 표현이 성실함을 포함하고 있으면서도 구체적이고 설득력이 있다. "그녀는 부자다"라는 말보다 "그녀의 연봉은 10억으로 포르쉐를 몰고 다니고, 하와이에 별장이 있어 가족과 함께 매년 여름과 겨울 휴가를 그곳에서 보낸다"라고 말하는 것이 훨씬 구체적인 표현이다. 이런 표현은 청중의 집중력을 높일 뿐만 아니라 기억에 오래 남는다. 말하기를 활기차게 만드는 요소는 이처럼 세부적인 것에 대한 충실함이다.

Skill 2
고유명사와 숫자를 넣어 말하라

구체적인 묘사에 고유명사나 숫자를 넣어 말하면 그 개념이 훨씬 명확하게 그려진다. 쉬운 예로, 개에 대한 이야기를 한다면 단순히 개라고만 말할 것이 아니라 푸들, 치와와, 셰퍼드 등 고유명사로 개의 종류를 정확하게 밝힌다. 그리고 개의 모습을 눈에 보이듯이 세부적으로 묘사하고, 숫자를 넣어 객관적으로 상상할 수 있게 만드는 것이다. 즉, '흰색의 보드랍고 곱슬곱슬한 털을 가진

30cm가량의 통통한 암컷 푸들'이라고 한다면 훨씬 실제와 가까운 선명한 영상을 떠올릴 수 있다.

"올해부터 책을 많이 읽으려고 책장을 샀습니다" 대신 다음과 같이 표현해 보면 어떨까?

> "저희 부부는 올해부터 책을 많이 읽으려고 책장을 2개 샀습니다. 거실 한 벽면에 빈 책장이 서 있는 모습을 보니 어서 책으로 가득 채우고 싶다는 욕구가 샘솟더군요. 책장이 제 키보다 1.5배 정도 되고 총 6칸인데요. 책장을 가득 채우려면 책이 240권가량 필요할 것 같더군요. 책장을 책으로 가득 채운 뒤, 남편과 반으로 나누어 각각 1년에 120권씩 읽기로 했습니다. 1년 안에 120권을 읽으려면 3일에 한 권씩 읽어야 하죠. 이렇게 목표가 명확히 세워지고 나니, 퇴근 후엔 저녁을 먹고 항상 남편과 함께 책을 읽고 있는데요, 저는 이 시간이 참 좋습니다."

다음은 제주도의 유명 관광지 '쇠소깍'을 고유명사와 숫자를 사용해 구체적으로 묘사한 예다.

> "제주도에 가면 '쇠소깍'이라는 곳에 꼭 가보세요. 쇠소깍은 한라산에서 내려온 물줄기가 바다에 유입되는 경계선에 있는 곳인데, 마치 '선녀와 나뭇꾼'의 선녀들이 목욕하러 내려올 것만 같은 신비로운 느낌입니다. 그곳에 가면 성인 2~3명이 탈 수 있는 '투명카약'이 있는데, 물이 어찌나 맑은지 보트 아래로 숭어 몇 마리가 헤엄치는 모습, 돌멩이 하나하나까지 다 볼 수 있습니다."

Skill 3

오감을 자극하는 표현을 하라

눈앞에 생생히 그려지는 듯한 묘사를 하고 싶다면 '빨갛게' '새파란' '샛노란' 등 색깔을 표현하는 단어나 '~처럼 보인다' '그려진다' '선명하다' 등의 서술어를 사용해보라. 이는 듣는 이의 시각을 자극해 이미지를 상상하게 만든다. 또 실제 소리를 표현하는 '졸졸졸' '띵똥띵똥' '퍽' 등과 같은 의성어를 곁들이면 청중의 청각이 활짝 열린다. 그 밖에도 촉각, 미각, 후각까지도 말로 섬세하게 표현해 그 느낌을 전달해보자.

"제가 가장 행복한 순간은 퇴근 후 집 현관문을 열자 찌개 냄새가 확 풍길 때입니다. 제가 오는 시간에 딱 맞춰 보글보글 찌개 끓는 소리가 들리고, 탁탁탁 도마 위에서 채소 써는 소리가 들리면 '아, 드디어 내 집에 왔구나!' 하는 생각에 마음이 편안해집니다. 제가 들어오는 소리를 듣고 방에서 '아빠 왔다!' 하며 뛰어오는 아이들을 폭 안으면 하루의 스트레스가 다 풀리죠. 특히 이제 막 세 돌 된 딸아이의 보드라운 뺨이 얼굴에 닿을 때면 얼마나 기분이 좋은지 모릅니다. 제가 음식을 매콤하게 먹는 것을 좋아하거든요. 아내가 제 입맛을 기가 막히게 잘 알아서 항상 청양고추를 송송 썰어 넣어 매콤하게 된장찌개를 끓여주는데요, 찌개와 함께 두부를 건져 쓱싹쓱싹 밥과 함께 비비면, 밥 한 그릇은 게눈 감추듯 먹어치웁니다."

오감을 활용한 말하기, 정말 재미있지 않은가? 말하는 이의 순간순간의 느낌이 고스란히 내게 전달되는 것 같다. 아, 갑자기 구수한 된장찌개가 엄청 먹고 싶다! 이처럼 평상시에도 나의 오감을 활짝 열어두고 그 감각에 집중해보자. 그리고 그것을 하루에 하나씩이라도 말로 표현하다보면, 당신의 표현능력은 엄청나게 향상될 것이다.

시각	청각	촉각	미각	후각
보인다	졸졸졸	부드럽다	달콤하다	향기롭다
그려진다	땡땡땡	차갑다	쓰다	고약하다
선명하다	띵동띵동	뜨겁다	맵다	매캐하다
빨갛다	똑똑	따끔하다	짭짤하다	퀴퀴하다
새파랗다	짝짝짝	거칠다	시다	쿰쿰하다
⋮	⋮	⋮	⋮	⋮

오늘의 낭독

다음 글에서는 오감을 자극하는 구체적인 표현이 많이 쓰였습니다. 글을 낭독하며 떠오르는 이미지를 머릿속으로 그려보기도 하고, 좋은 표현은 기억해두었다가 활용해봅시다.

얼마 전 설교를 하기 앞서 목사님이 말씀하셨다.

"여러분, 죽음을 생각해보세요."

필자는 아직 죽음을 적나라하게 느낄 나이는 아니었기에 사실 그 말을 듣고 멀뚱멀뚱 별 감흥이 없었다. 조금 뒤 목사님이 다시 말씀하셨다. 목사님 남편의 친구 사연인데, 미친 듯이 돈을 벌기 위해 살다가 갑작스럽게 암 말기 판정과 함께 "한 달 안에 죽음을 준비하라"는 통보를 받았다는 것이다. 그때 느낀 절실한 심경에 대한 이야기였다. 그는 이렇게 생각했다고 한다.

'내가 죽으면? 나는 좁디좁은, 옴짝달싹도 할 수 없는 관 속에 넣어지겠지. 관은 땅속 깊이 들어가겠지. 가족들은 내 장례식장에 와서 엉엉 울겠지. 울다가, 울다가, 관 위에 꽃을 던져주고 내게 인사를 하겠지. 삽으로 흙을 떠서 관 위에 뿌리겠지. 그리고 장정들이 와서 끝까지 흙을 채우겠지. 그리고 가족들은 집으로 가겠지. 그럼… 나는… 나는?'

죽음의 공포를 어마어마하게 느껴 다 큰 아저씨가 꺼이꺼이 목메어 울었는데, 죽음을 선명하게 상상했을 때 오히려 인생이 달라지기 시작했다는 애달픈 이야기로 설교는 시작되었다. 그냥 '죽음'이라는 단어만 듣는 것과 '죽음을 머릿속에 그림처럼 상상하는 것'은 이토록 다르다.

_박신영 | 엔트리 | 《보고의 정석》에서

스피치 예문

홈쇼핑 쇼호스트의 멘트

A 오늘 이 시간 함께하실 상품은 바로 영양만점 등 푸른 생선, 고등어입니다! 이 선명한 등 푸른 빛, 한번 확인해보세요. 중앙에서부터 배 쪽으로는 반짝반짝 은빛으로 빛나는 것이 정말 신선해 보입니다. 등 푸른 생선은 바다 표면 가까운 곳에 살기 때문에 물살을 따라 헤엄쳐 다닌다고 해요. 그래서 물속 깊이 사는 흰 살 생선에 비해 근육이 더 단단하고 지방 함량도 높다고 합니다.

B 네, 고등어는 프라이팬에 기름 넉넉히 두르고 노릇노릇하게 구워 먹어도 맛있고, 매콤하고 달달하게 조림을 해서 먹어도 맛있지요. 특히 다양한 채소도 함께 넣어서 조리면 남은 양념에 밥을 쓱쓱 비벼 먹기도 좋습니다. 촉촉하면서도 담백한 고등어 살과 양념을 하얀 쌀밥 위에 올려 먹으면 아주 예술이지요! 밥도둑이 따로 없습니다.

A 지금 방송보시면서 침을 꿀꺽꿀꺽 삼키는 분들 많으실 것 같은데요, 가정에서 조리하기 편하시도록 저희가 이 고등어를 한 마리씩 팩 포장을 해서 보내드립니다. 지금 보시는 것처럼 머리, 꼬리가 다

손질되어 있고요. 내장은 물론 심지어 굵은 가시, 잔가시까지도 다 제거가 되어 있어서 거의 순살에 가깝다고 해도 과언이 아닙니다.

B 그리고 중요한 점은 국내산 고등어라는 거예요. '안동' 하면 고등어 맛있기로 유명하잖아요? 육지 지역이기 때문에 예로부터 천일염과 간기술이 발달이 되어 있죠. 그래서 너무 짜지 않으면서도 약간 짭짜름한 맛이 일품입니다.

오늘의 트레이닝

● 다음은 '하늘에서 내리는 눈'을 떠올리며 다섯 가지 감각으로 표현하고, 이를 스피치로 완성한 예입니다. 이를 참고해 '바다'를 주제로 오감을 이용한 스피치를 해봅시다.

- **시각** : 온 세상을 하얗게 뒤덮는 눈, 햇살에 비치면 반짝반짝 눈부시게 빛이 남.
- **청각** : 뽀드득 뽀드득 눈 밟는 소리, 펑펑 쏟아지지만 아무것도 들리지 않는 고요함.
- **촉각** : 손끝에 닿으면 녹아 사르르 없어지는 느낌, 손으로 눈을 뭉칠 때 부드럽던 눈이 돌처럼 단단해지는 느낌, 눈보라가 휘몰아칠 때 눈이 얼굴에 닿을 때의 차디찬 느낌.
- **미각** : 빙수처럼 혀에서 바로 녹아버리는 차가움, 덩어리로 뭉쳐서 입으로 베어 물 때의 아삭함.
- **후각** : 눈 내린 거리를 걸을 때의 알싸한 겨울 냄새.

"어릴 적엔 눈이 오면 신이 나서 무조건 밖으로 뛰어 나갔죠. 온 세상을 하얗게 뒤덮은 채 햇살에 반짝이는 눈이 어린 제 눈에 얼마나 예뻤는지 모릅니다. 골목길을 나가보면 새하얀 융단이 깔려 있는 듯했어요. 그곳을 걸어갈 때의 뽀드득 뽀드득 소리! 제 발자국이 일렬로 남겨진 골목길을 보는 게 좋았습니다. 하늘에서 떨어지는 눈을 먹으려고 입을 크게 벌리면 눈이 혀에 닿자마자 차갑게 사르르 녹아버리지요. 눈덩이를 단단하게 뭉쳐 아이스크림처럼 베어 물기도 하고요. 그런데 이젠 나이가 들어서 그런가요? 눈이 내리면 '오늘은 길이 엄청 막히겠군. 운전은 어떻게 하나?' 이런 걱정부터 하게 됩니다. 하하, 그래도 눈 쌓인 한적한 거리를 향긋한 커피 한잔 들고, 알싸한 겨울 냄새를 맡으며 걷는 것은 여전히 좋아합니다."

〈주제 : 바다〉

• 시각 :

• 청각 :

• 촉각 :

• 미각 :

• 후각 :

● 위의 감각을 활용해 하나의 스피치로 완성해봅시다.

SECRET 15

Different 표현법

색다르게, 다양하게, 화끈하게!

지인 중에 친한 커플이 있는데, 둘은 성격도 표현 방식도 전혀 다르다. 같은 영화를 보고 이야기를 하더라도 남자는 "괜찮았어" 혹은 "볼만했어"라고 하는 반면, 여자는 "진짜 재밌어, 꼭 봐! 강추야! 지금까지 본 스릴러 영화 중에 최고였어. 중간에 진짜 심장이 멎는 줄만 알았다니까?"라고 말한다. 남자의 말을 들으면 '영화가 그냥 그랬나보다' 하다가도 여자의 말을 들으면 당장 가서 봐야할 것만 같다.

물론 남자는 영화가 그저 괜찮은 정도였을 수 있지만, 문제는 정말 재미있게 봐도 늘 말을 그렇게 심심하게 한다는 것이다. 만약 둘이 본 영화가 재미가 없었다면 남자는 "그냥 그랬어"라고 할 테고, 여자는 "진짜 최악이야. 절대 봐서는 안 돼! 돈 2만원을 그냥 바닥에 버리는 게 낫겠어. 그러면 최소한 시간은 아깝지 않을 테니까"라고 말할 것이다.

우리 주변엔 이렇게 표현 방식이 극명한 사람들을 종종 볼 수 있다. 물론 성격에 기인한 것도 있겠지만, 표현력이 부족해서일 수도 있다. 뭘 해도 "그냥 그래, 괜찮아, 별로, 좋아" 등의 심드렁한 반응으로 일관하는 사람과는 별로 얘기하고 싶지 않아진다. 뭐 재미가 있어야 말이지.

위의 예에서 볼 수 있듯이 우리는 보다 다양하고 화끈하게 표현하는 사람의 말에 집중이 잘 된다. 그런 얘기가 훨씬 재미있고 흥미진진하다. 그 사람의 이야기는 귀를 열어놓고 계속 듣고만 싶어진다. 같은 말이라도 좀 더 인상적으로 색다르게 표현할 수는 없을까? 사람들의 관심을 확 잡아끌게 만들 수는 없을까? 지금부터 그 3가지 노하우를 공개하겠다.

Skill 1
다양한 어휘를 사용하라

나의 감정이나 느낌을 설명할 때, 혹은 사물이나 상황을 묘사할 때 다양한 표현이 필요한 순간이 있다. 계속 똑같은 말만 반복하다보면 스스로 표현력의 한계가 느껴지고, 상대방이 듣기에도 지루해질 수 있다. 같은 의미라 해도 여러 가지 표현을 사용하면 스피치가 풍성해지고, 전하고자 하는 의미가 한층 강화된다.

예를 들어 '가장 기뻤던 순간'에 대한 스피치를 할 때도, 서술어가 반복적으로 '기뻤다'로 끝나는 대신, 다음과 같이 다채롭게 표현할 수 있다.

"기뻐서 방방 뛰었다."
"너무 기쁜 나머지 내가 살아 있다는 사실에 감사한 마음이 들었다."
"내 인생에 잊지 못할 최고로 기쁜 순간이었다."
"기쁨의 환희에 찬 그 순간을 오래도록 간직하고 싶다"

지나가다가 정말 예쁜 여자를 보았다. 그저 '예쁘다'라는 단 하나의 어휘로만 말할 것이 아니라 '아름답다, 매혹적이다, 곱다, 매력이 넘친다, 단아하다, 여신의 포스가 느껴진다, 여배우 OOO를 닮았다, 고혹적이다, 사랑스럽다, 섹시하다, 귀엽다…' 등 나의 느낌을 가장 적절히 표현할 수 있는 세분화된 다른 어휘를 사용해보는 것이다. 진짜 내가 생각하는 그것을 상대가 딱! 느낄 수 있게 하는 바로 그 단어를 찾아보자.

예전에 여행, 음식 프로그램의 리포터로 한창 활동하던 시기에 내게는 '어휘 노트'가 있었다. 리포터나 쇼호스트가 등장하는 프로그램을 모니터하면서 신선한 표현을 들으면 모조리 적어두고, 그것을 반복해 읽으면서 입에 붙도록 만들었다. 텔레비전이든 책이든, 언제 어디서든 기막힌 표현을 만나면 이를 반드시 적어야 한다. 기억은 기록을 따라가지 못한다. 요즘은 휴대폰 메모장에 바로 내용을 입력할 수 있고, 카메라로 즉시 찍어 보관할 수도 있으니 얼마나 편리한가. 이렇게 기록해둔 정보를 주기적으로 꺼내 입으로 중얼중얼 몇 번만 하면 내 것이 된다. 언제 어디서 어떻게 사용할지 모르는 유용한 스피치 자산이 되는 것이다.

Skill 2
화끈하게 표현하라

스피치 수업에서 한 여성분이 자기소개를 했던 것이 오래도록 기억에 남는다.

> "저는 요즘 양다리를 걸치고 있습니다. 한 다리는 'S전자'라는 직장에, 그리고 나머지 한 다리는 사랑하는 남편과 딸아이가 있는 가정에 말이죠. 그리고 오늘부터 저는 W스피치까지 세 다리를 걸치게 되었네요."

만약 이분이 "안녕하세요? 저는 S사에 다니고 있고요. 결혼은 했고 딸이 하나 있습니다"라고 했다면 다소 밋밋하고 특별할 것 없는 자기소개가 되었을 것이다. 하지만 여전히 기억에 남아 있는 것을 보면 꽤 인상적인 표현이었던 것 같다.

우리나라 사람들이 자주 사용하는 '죽겠다'라는 표현으로도 인상적인 스피치를 끌어갈 수 있다. 보통은 '배고파 죽겠다' '더워 죽겠다' '힘들어 죽겠다' 등

다소 부정적으로 사용되지만, 그 안에 절실한 마음이 담겨 있음을 알 수 있다. 다음의 예시를 보자.

"저는 스피치를 잘하고 싶어 죽겠습니다. 어려서부터 말을 잘 못해서 사람들 앞에서 창피를 당한 적도 있고, 직장에서 뒤처지는 기분을 느낀 적도 많았습니다. 하지만 이제는 죽기 살기로 열심히 해서 스피치 덕분에 살맛나게 살고 싶습니다."

정말 잘하고 싶은 간절함이 느껴진다. 이렇듯 청중의 귀와 마음을 사로잡기 위해서는 강력한 표현이 필요하다. 내용에 적합한 화끈한 표현을 고민해보고 적극적으로 구사해보자. 설명하고자 하는 바를 부풀려 과장하라는 의미가 아니다. 살짝만 비틀어 생각해보면 얼마든지 강렬하고도 화끈한 표현이 가능해진다.

Skill 3

충격적인 내용을 제시하라

요즘 청중들은 말 잘하는 사람들의 스피치를 접할 기회가 많아졌다. 그래서 어디서 들어본 듯한 뻔한 내용에는 큰 관심을 기울이지 않는다. 같은 소재라 할지라도 표현 방식을 획기적으로 해서 청중에게 색다르게 다가갈 수 있는 방법을 모색해야 한다. 때에 따라서는 충격을 줘서 청중의 이목을 사로잡는 방법도 있다. 처음 들어보는 정보, 이색적이거나 충격적인 조사 결과 등을 제시함으로써 청중의 궁금증을 유발하는 것이다.

요리사 제이미 올리버는 자신의 강연에서 다음과 같은 말로 주의를 끌었다.

"전체 미국인 중 0.5%가 땅콩 알레르기를 갖고 있고, 이 때문에 생명을 위협받을 수 있다는 사실을 알고 계십니까? 다시 말하면 미국인 1,500만 명이 땅콩 알레르기를 지니고 있고, 이들에게 땅콩버터와 젤리 샌드위치는 총알이 장전된 권총만큼이나 위험합니다."

땅콩 알레르기의 위험성을 이보다 더 강렬하게 말할 수 있을까?

다음의 예시도 살펴보자.

"지하철을 타면 사람들이 모두 화가 난 표정으로 앉아 있는 모습을 흔히 볼 수 있습니다. 외국인들은 한국에 처음 와서 이런 한국인들의 표정에 매우 놀란다고 하네요. 한 조사 결과에 따르면, 한국인들은 하루에 평균 10회 정도 웃고, 한 번 웃을 때 평균 8.6초도 안 웃는다고 합니다. 즉, 하루에 길어봤자 90초 정도 웃는 것이고, 우리가 80세까지 산다고 가정했을 때 평생 30일 정도만 웃는 셈입니다. 반대로 걱정하고 근심하는 시간은 하루 평균 3시간 6분, 이는 평생 10년에 해당한다고 하네요. 이렇게 비교해 보니 우리가 얼마나 웃지 않고, 근심 걱정하는 데 시간을 보내고 있는지 느낌이 오지요?"

뜻밖의 수치, 사람들이 처음 접해볼 법한 유용한 정보나 자료를 찾아 그것을 조금은 다른 관점에서 접근해 보여주려는 노력, 그것이 충격요법의 핵심이다.

오늘의 낭독

다음 글에서는 다양하고 인상적인 표현이 많이 쓰였습니다. 글을 낭독하면서 재미있고 기억에 남는 표현은 기억해두었다가 실제 말을 할 때 활용해보도록 합시다.

우리네 인생살이에는 종종 느닷없는 행운이나 불행이 찾아오곤 한다. 그리고 그것은 느닷없이 우리 삶을 뒤흔들어, 우리를 전혀 다른 존재로 바꾸어 놓기도 한다. 우리는 바로 이때를 조심해야 한다. '예전의 나'와 '느닷없이 바뀌어 버린 나'-어느 쪽이 진짜 나인지 혼란에 빠져 버리기 십상이기 때문이다.

아홉 살 적 내게도 느닷없이 행운이 찾아와 잠깐 동안 내 삶을 뒤흔들어 놓았다. 지지리도 별 볼일 없던 내가 어느 날 갑자기 유명해지게 되었던 것이다. 그건 내 그림이 전국 규모의 어느 미술 대회에서 최우수상으로 뽑혔기 때문이었다. 정말 느닷없는 일이었다.

여기에는 신경질 많고 무기력한 내 담임선생님의 공로도 전혀 없지는 않다. 동기야 어떻든 내 작품을 출품해 주었으니까. 물론 그는 학생들한테 그림을 이렇게 그려라, 저렇게 그려라 간섭할 만큼 자상한 사람은 아니다. 그는 자상한 교사라기보다는 어디까지나 상부의 명령에 충실한 '월급기계'일 뿐이었다. 그리하여 그는 미술 대회에 보낼 그림을 며칠까지 몇 개 제출하라는 명령을 기계적으로 하달받아,

학생들에게 그림을 '제조하라'는 명령을 기계적으로 내렸다. 이 불성실한 월급기계는 학생들의 그림 가운데 좋은 그림을 선별해 제출하는 최소한의 성의마저도 없었다. 짐작건대, 그는 "선착순으로 다섯 개!"식으로 대충 끊어 제출했을 것이다. 그에게 중요했던 건 오직 개수와 날짜 맞추는 일뿐이었을 테니까!

_위기철 | 청년사 | <아홉살 인생>에서

아이디어가 떠오르는 순간

샤워를 하다가 혹은 운전을 하다가 문득 업무와 관련된 좋은 아이디어가 떠올랐던 적 있으시죠? 그런데 막상 아이디어를 내기 위해 책상 앞에 앉아 머리를 쓸 때는 아무 생각이 안 날 때가 많습니다. 이것이 다 우리의 뇌와 관련이 있다고 하네요.

앤드류 스마트의 《뇌의 배신》이라는 책에 따르면, 우리의 뇌는 무언가 해결해야 할 과제에 집중할 때 뇌의 전 부위를 사용하지 않는다고 합니다. 문제 해결에 적합한 부위만 활성화가 되는데요. 막상 업무와 관련되지 않은 일을 하거나 휴식을 취할 때는 비활성화된 뇌의 부분이 활성화됩니다. 이때 뇌에서는 업무를 수행할 때보다 더 많은 산소와 에너지를 소모하고 가장 활발하게 움직인다고 합니다.

다른 뇌 과학자들의 연구를 통해서도 비슷한 주장을 찾아볼 수 있습니다. 우리의 이성을 주관하는 왼쪽 뇌가 기능을 상실할 때 오히려 창조성이 극대화된다고 합니다. 무언가를 해내겠다는 마음으로 머리를 쓸 때보다 오히려 마음을 내려놓고 이완시킬 때 아이디어가 더 잘 떠오른다는 것이죠.

저 같은 경우, 아무 생각 없이 운전을 할 때 좋은 생각이 문득 나곤 합니다. 이 이야기를 제 동료들과 나누니 어떤 사람은 머리를 감을 때, 어떤 사람은 설거지를 할 때 번뜩이는 아이디어가 떠오른다고 합니다. 제각기 다양한 상황이지만 중요한 것은 책상 앞에 앉아 있을 때는 이런 창의적인 생각이 어렵다는 거죠.

아르키메데스가 목욕을 하다가 '유레카'를 외쳤던 것이 우연이 아닌가봅니다. 여러분도 마땅한 아이디어가 떠오르지 않아서 답답할 때에는 잠시 산책을 하면서 휴식을 취해보세요. 불현듯 기가 막힌 아이디어가 뇌를 스치는 유레카의 순간이 찾아올 것입니다.

오늘의 트레이닝

● 제시되는 단어를 다음과 같이 다양하게 표현해봅시다.

• 꿈

- 상상에서 시작하지만, 노력하면 현실이 되는 것
- 마음속에서 '원해, 정말 원해!'라고 외치는 것
- 손으로 적고 발로 실천하는 것
- 떨쳐버리려고 할수록 자꾸만 커지는 것

• 책

• 미소

● 제시되는 감정을 다음과 같이 다양하게 표현해봅시다.

• 외로움

- 철저히 혼자가 된 기분이야.
- 친구도 필요 없고, 애인도 다 필요 없어.
- 하늘 아래 나 혼자인 것처럼 완전히 고립된 느낌이야.
- 마치 나 혼자서만 세상의 소리를 듣지 못하는 것처럼 깜깜한 밤에 있는 기분이야.

• 두려움

• 즐거움

SECRET 16

Poem 표현법

때로는 시인이 되어 말하라

"독일 속담에 이런 말이 있습니다. '금이 아름답다는 것을 알게 되면, 별이 아름답다는 것을 잊어버린다.' 여러분은 아직 금의 아름다움보다는 별의 아름다움을 즐기실 나이라고 생각합니다."

참 근사하다. 내 생각을 무언가에 빗대어 위와 같이 표현할 수 있다면, 단 한 마디를 하더라도 꽤 멋질 것 같다. 표현력이 뛰어난 시적 감성의 소유자라는 이미지가 한순간에 만들어진다. 당신도 이를 진정 원하는가? 그렇다면, 16번째 스피치 시크릿인 'Poem 표현법'이 답이다.

왠지 멋스럽게 느껴지는 말들, 짧지만 강한 임팩트가 있는 말들을 관심을 갖고 유심히 들여다보라. 많은 이들에게 회자되는 유명인의 말이나 뇌리에 박히는 시, 나도 모르게 흥얼거리게 되는 광고나 슬로건 문구 등이 있을 텐데, 그 안에는 항상 수사법이 자리하고 있다. 같은 내용이더라도 어떤 언어와 수사적 표현을 사용하느냐에 따라서 깊은 여운이 남는 '가치 있는 말'이 되기도 하고, 바로 잊히고 마는 '평범한 말'이 되기도 한다.

실제 말을 할 때 가장 활용도 높고 효과가 강렬한 수사법을 제시하겠다. 청중의 머릿속에 그림이 그려지도록 하는 대표적 비유법인 직유은유법, 독특한 표현을 통해 의미를 강조하는 과장과소법, 말에 리듬을 만들어 귀를 즐겁게 하는 대구대조법이 그것이다.

평범한 말하기는 이제 그만! 수사법을 적용하면 말하기가 재밌어진다. 듣는 사람의 귀에도 착착 감긴다. 나만의 멋진 어록이 탄생하는 것은 시간문제다.

Skill 1

빗대어 표현하라: 직유은유법

다음은 최근 친구와 나눴던 대화 중 일부다.

친구: 나 요즘 테니스 배우러 다녀.

나 : 우와! 멋있다!

친구: 멋있긴… 개처럼 뛰어다녀.

나: 하하하!

개처럼 뛰어다닌다는 말에 빵 터져서는 얼마나 웃었는지 모른다. 배운지 얼마 안 되어 공만 쫓으면서 헐떡헐떡 뛰어다니는 모습을 '개'에 빗댄 것인데, 그 모습을 상상하니 더욱 웃겼다. 여기서 사용된 수사법이 바로 '직유법'이다. 표현하고자 하는 대상을 보다 구체적이고 생생하게 나타내기 위해 다른 대상에 빗대어 말하는 방법인데, '마치 ~같이' '~처럼' '~듯이' '~인 양'과 같은 연결어를 사용한다. 이해하기 쉬워서 일상 대화 속에서도 흔히 사용한다.

<직유법>

그 사람은 칼 같은 성격의 소유자야.

화장품이 마치 생크림처럼 부드러워.

우유 빛깔처럼 하얀 피부가 참 예쁘기도 하지.

인생은 초콜릿 상자와 같은 거야.

우리 강아지는 꼭 껌딱지처럼 항상 나한테 붙어 있다니까?

이번엔 은유법을 알아보자. 은유법은 "A는 B이다"(A=B)와 같은 간결한 형식을 취한다. '~처럼' '~같이' 등의 연결어가 없어서 더욱 간결하고 암시적이기 때문에 듣는 이에게 훨씬 풍부한 뜻과 강한 인상을 전할 수 있다. 직유법이 직설적이라면, 은유법은 은근하게 풍기는 맛이 있다.

<은유법>

사랑은 동사다.

세일은 타이밍이다.

삶은 기회입니다. 다시 오지 않는 기회.

함께 있을 수 있다는 것만으로 마음은 이미 축제!

Skill 2

의미를 강조하라: 과장과소법

과장과소법은 말 그대로 어떤 사물을 실제보다 훨씬 더하게 또는 훨씬 덜하게 표현하는 수사법이다. 핵심을 강조해서 생생하게 표현하기 때문에 말하는 이의 감정이나 상황을 청자는 더욱 실감나게 느낄 수 있다. 말을 유머러스하게 하는 사람들을 보면 특히 과장 섞인 표현을 잘 한다.

TV 오락 프로그램에서 개그맨 최양락 씨의 아내 팽현숙 씨가 남다른 과장법을 구사한다는 내용이 나와 흥미롭게 본 적이 있다. 예를 들어 일주일에 술을 2~3번 마시는 남편을 보고 술을 매일 마신다고 표현해 그저 애주가일 뿐인 최양락을 알코올 중독자로 만들어버리는 것이다. 그저 숟가락을 세게 내려놨을 뿐인데 고래고래 날뛰며 밥상을 엎었다고 말하기도 하고, 딸이 호주에서 대학을 다니고 있는데 지인이 물으면 "호주 가보셨어요? 호주 정부에서도 인정한 최고로 좋은 대학에 합격했어요!"라며 특유의 과장법을 선보인다고 한다. 이처럼 말에 살짝 과장을 곁들이면 그 의미가 강조되면서 종종 웃음을 유발하기도 한다.

평상시에도 우리는 알게 모르게 과장과소법을 많이 사용한다.

<과장과소법>

온 방을 뒤흔드는 **남편의 코골이 때문에** 미칠 지경**이야.**

찌는 듯한 **무더위에 며칠 째 밤잠을 설쳤더니** 다크서클이 턱까지 **내려왔어.**

어제 롤러코스터를 탔는데, 너무 무서워서 간이 콩알만해졌어.

다이어트 비결이요? 죽을 만큼 **운동하고,** 죽지 않을 만큼 **먹었어요.**

Skill 3
리듬을 넣어라: 대조대구법

대구법은 비슷하거나 동일한 문장 구조를 나란히 배치해서 리듬감을 살리는 표현법이다. 그리고 대조법은 서로 다른 특징을 비교해서 강조하는 수사법을 말하는데, 대조법은 대구를 이루어 쓰는 경우가 많다.

우리 회사에서 지하철 광고를 처음 시행할 때, 나는 며칠 동안 광고 문구를 이것저것 고심했다.

“사람들은 누구나 말을 잘하고 싶어 하지. 그리고 요즘 자기계발에 관심 있는 사람들에겐 스펙이란 단어가 익숙해. 그럼 ‘스펙시대’라는 표현을 한번 써볼까?”

이러이러한 생각을 정리해서 최종적으로 결정한 문구는 ‘나도 말 잘하고 싶다! 목소리도 스피치도 스펙시대’였다. 나름 괜찮은 문구라고 생각하고 흐뭇한 마음으로 카피라이터인 친구에게 보여줬다. 그랬더니 30분 만에 친구는 이런 문구로 답을 해왔다.

목소리는 새로운 스펙이다.
스피치는 또 다른 실력이다.

보는 순간, ‘이거다!’ 싶었다. 내가 생각하던 핵심은 쏙 들어 있으면서도 대구를 이루어서 문장이 간결하게 똑 떨어지는 맛이 살아났다.

이렇듯 주변에 광고 문구를 자세히 보면 대조대구법이 쓰인 것을 자주 볼 수 있다. 우리 집 앞 ‘족발 귀신’이라는 식당에는 이런 문구가 대문짝만하게 붙여 있다.

한 번도 안 먹어본 사람은 있어도
한 번만 먹은 사람은 없다.

한 번 먹으면 계속 찾게 되는 중독성 있는 맛이라는 의미를 이렇게 표현한 것이다. 관찰 레이더망을 가동해서 눈을 크게 뜨고 주변을 보라. 이전엔 보이지 않던 수사적 표현이 마구 눈에 들어올 것이다. 심지어 세상이 온통 수사법으로 가득 차 있는 것처럼 느껴지기도 한다.

<대조대구법>

산이 높을수록, 골이 깊다.

행복은 추구의 대상이 아니라 발견의 대상이다.

자신은 현미경으로 들여다보고, 타인은 망원경으로 보자.

사랑이 없는 여자는 그만큼 허전하고, 사랑이 없는 남자는 그만큼 거칠다.

세상이 불공평해서 실패한 것이 아니라, 내가 열심히 안 해서 실패한 것이다.

오늘의 낭독

다음 글은 수사법의 다양한 사례를 담고 있습니다. 소리 내어 읽으면서 인상적인 표현들은 기억해두었다가 실제 스피치를 할 때 응용해봅시다.

불교 경전 중 하나인 〈아함경〉에는 다음과 같은 말이 있다.

"두 번째 화살을 맞지 마라. 살면서 누구도 첫 번째 화살을 피할 수는 없다. 그러나 스스로 만들어 쏘는 두 번째, 세 번째 화살은 피할 수가 있다. 고통은 첫 번째 화살만으로도 충분하다."

여기서 말하는 첫 번째 화살은 타인이 내게 주는 고통을 의미한다고 한다. 생각해보니 그렇다. 만약 누군가 마음먹고 나를 겨냥하며 시위를 겨눈다면, 무방비 상태로 있는 내가 무슨 수로 날아오는 화살을 막겠는가. 하지만 내가나 스스로에게 쏘는 두 번째, 세 번째 화살은 얼마든지 피할 수 있다. "나와 달라도 너무 달라서 도저히 이해할 수 없다"라며 상대방을 원망하는 마음만 멈춰도, "나를 사랑한다면서 이 정도도 못해줘?"라는 분노만 거둬도 두 번째 화살은 피할 수 있는 것이다. 무엇보다 두 번째 화살은 다른 누구도 아닌 나 자신이 스스로에게 쏘아대는 것이기 때문에, 가해자인 동시에 피해자인 내가 화살을 쏘는 행위를 그만두지 않는 한 그 고통은 사라지지 않는다. 이미 첫 번째 화살만으로도 고통은 충분하지 않은가? 굳이 타인이 준 고통에 원망과 분노 그리고 자신도 모르는 열등감을 더해, 더 큰 상처를 만들어낼 필요가 있을까?

_양창순 | 센추리원 | 《나는 외롭다고 아무나 만나지 않는다》에서

스피치
예문

스피치는 자전거다

제가 올 한 해 가장 잘한 일은 스피치를 배운 것입니다. '더 늦기 전에 배워서 남은 인생 말 잘한다 소리 들으면서 살아보자' 하는 마음으로 배우기 시작했는데요. 이번에 스피치를 배우면서 크게 느낀 것이 있습니다. 스피치를 배우는 것은 자전거 타는 법을 배우는 것과 같다는 것입니다.

여러분도 아시는 것처럼, 스피치는 몸으로 자연스럽게 익혀야 합니다. 처음 자전거를 배울 때 신경 써야 할 것들이 많죠. 중심을 잘 잡아야 하고, 방향을 봐가며 페달을 힘차게 밟아야 합니다. 처음에는 이 모든 것을 한번에 하기가 어렵지만, 열심히 연습하면 어느새 몸에 익어 10년 만에 자전거를 타도 자연스럽게 잘 탈 수 있습니다. 스피치도 마찬가지입니다. 처음에는 목표 설정하랴, 내용 구성하랴, 스토리텔링하랴 생각할 것이 정말 많지만 점점 자연스럽게 스피치의 기술을 몸으로 익히게 되는 것이지요.

그리고 스피치를 배울 때는 넘어지는 것을 두려워하면 안 됩니다. 처음 세발자전거에서 두발자전거로 갈아탈 때 매우 두려웠던 기억이 있습니다. 처음에는 정말 많이 넘어졌죠. 하지만 만약 그때 넘어지는 것이 두려워 자전거를 타지 않았다면 시원하게 바람을 가르며 자전거 타는 즐거움을 느끼지 못했을 겁니다. 예전에 떨기만 하다가 스피치를 망쳤던 경험이 있다고 해서 계속 피하시면 안 됩니다. '잘 못할 수도 있지' '실수할 수 있지' 이런 마음으로 임하는 것이 중요합니다.

스피치는 자전거처럼 한번 배워놓으면 평생 즐길 수 있습니다. 처음 배울 때의 두려움을 잘 극복해서 스피치를 여러분의 멋진 능력으로 만드시길 바랍니다.

오늘의 트레이닝

● 아래의 단어를 보고 연상되는 것을 직유은유법을 이용해 참신하게 표현해봅시다. 다음 질문을 활용하면 표현하기가 수월해질 것입니다.

"(　　)는 당신에게 어떤 의미인가요? 그것을 무엇에 비유할 수 있을까요?"

• 밥

• 꽃

• 아내

• 스마트폰

• 오빠

• 졸업

● 다음에서 제시한 감정이나 상태, 상황을 과장과소법을 사용해 생생하게 표현해봅시다.

• 매우 습한 날씨

• 이별한 후의 감정

• 큰 무대에 섰을 때

• 사람들로 북적이는 상황

• 무언가를 보고 놀랐을 때

● 나만의 어록 만들기! 스피치 곳곳에서 찾아볼 수 있는 '명언'은 우리도 조금만 생각하면 얼마든지 만들 수 있습니다. 제시된 단어에 대한 나의 생각, 철학을 한 문장으로 만들고, 수사법을 활용해 함축적으로 표현해봅시다.

- **인생** ex) 인생은 단거리 경주가 아니라 마라톤이다.

- **행복** ex) 행복이란 과잉과 부족의 중간에 있는 조그마한 역이다.

- **사랑** ex) 사랑은 통제가 아니라 상대방에게 날개를 달아주는 것이다.

SECRET 17

Speech Diet

몸도 스피치도 다이어트 하라

처음으로 사내에서 강의를 맡게 되었다며, 걱정스러운 얼굴의 30대 직장인이 나를 찾아왔다. 그분이 진행하는 강의는 무려 4시간짜리였는데, 처음 하는 주제의 강의를 위해 주말도 반납하고 정말 최선을 다해 준비해오셨다. 하지만 정작 뚜껑을 열어보니 그 노력이 안타깝게 느껴질 정도였다. 주제와 관련 없는 유머, 불필요한 레크리에이션, 중복되는 실습 등으로 군더더기가 더덕더덕 붙어 있는 상태… 이대로는 안 되겠다 싶었다.

5회의 수업에서 반복적으로 실전 강의실습을 해가며 군더더기를 없애갔다. 주제와 관련이 없는 건 아무리 재미있는 사례더라도 무조건 뺐다. 억지스러운 레크리에이션도 삭제했다. 빼고, 빼고, 또 뺐더니 최종 리허설에서는 중요내용만 완벽하게 남았다. 드디어 듣는 사람 입장에서도 명쾌하고 강사 입장에서도 간결한 강의가 완성된 것이다. 그제야 그분이 이런 말씀을 하셨다.

"준비할 때는 꼭 필요하고 괜찮은 내용 같았는데, 지금 와서 보니 정말 쓸데없는 것들이 많았네요. 왜 처음엔 몰랐을까요?"

뱃살, 허벅지살, 팔뚝살… 누구나 신경 쓰이는 몸의 군더더기 살이 있기 마련이다. 다이어트를 감행해서 이 살들이 좀 정리되고 나면 한결 몸이 가벼워지고 라인도 예뻐진다. 말도 마찬가지다. 이 얘기 저 얘기로 장황해지면 스피치가 전체적으로 늘어지고 무거워지는데다, 내 의도와는 다르게 엉뚱한 방향으로 흘러가기도 한다. 말도 다이어트를 할 필요가 있다. 짧게 말해도 핵심이 잘 전달된다면 굳이 길게 늘여 말할 이유가 없지 않은가?

'완벽한 상태란 더 이상 추가할 것이 없을 때가 아니라 더 이상 뺄 것이 없을 때를 말한다'라는 생텍쥐페리의 말처럼, 더도 덜도 말고 핵심만 쏘옥 들어간 상태의 스피치를 해보자.

Skill 1

군더더기 내용을 없애라

구하라의 얼굴형, 현아의 눈, 이민정의 코, 윤은혜의 입술… 이렇게 최고 미인들의 가장 예쁜 부위를 합성해놓은 사진을 본 적이 있는가? 예쁘긴 하지만 어딘지 모르게 어색하다. 좋은 것들만 다 모아놓으면 최상일 것 같은데 실상은 그렇지 않다.

이처럼 여기저기서 수집한 좋은 이야기는 다 가져다붙인 듯한 스피치를 만날 때가 있다. 각각을 떼어놓고 본다면 다 의미 있고 괜찮은 정보들인데, 어째 합쳐놓고 보니 어정쩡하다. 이것저것 넣다보니 내용도 너무 많아진 것 같고, 주제와 좀 빗나간 것들도 있다. 멋진 스피치를 하고 싶은 욕심에 수집한 여러 정보를 끝까지 끌어안고 있어서 생기는 결과다. 엄격하게 선별하지 않은 많은 정보의 전달은 청중을 혼란스럽게 만든다. 아무것도 기억 못하게 하는 치명적 부작용이 생기기도 한다.

최근에 코칭한 초보 강사 한 명은 기껏 본론에서 면접 답변요령에 대해 잘 설명해놓고는 마무리에서 이런 말을 했다.

"여러분에게 좋은 말을 하나 들려주고 싶어서 제가 어젯밤 열심히 찾아본 것을 말씀드리겠습니다. 여러분, 청춘을 7글자로 하면 무엇인지 아십니까? 5글자로 하면요? 3글자로 하면? 마지막으로 1글자로 하면요?"

이러면서 한참의 시간을 끄는 것이다. 면접을 앞둔 청춘들에게 유익한 얘길 들려주고 싶은 마음은 백분 이해한다. 하지만 본론에서 결론으로 넘어가는 브릿지 멘트가 자연스럽지 않은데다가 내용을 억지스럽게 끼워 넣은 느낌이 강했다. 게다가 마무리하는 마당에 내용이 다시 길어져서는 절대 안 된다. 성격 급한 청중은 시계를 보며 짜증을 낼지도 모르는 일이다.

나도 가끔 강의를 준비하다보면 정말 흥미로운 에피소드나 꽤 멋진 명언이 있어 이것을 꼭 쓰고는 싶은데, 나중에 보면 주제와 딱 맞아떨어지지 않는 경우가 있다. 그럴 때는 아깝지만 두 눈 질끈 감고 과감히 버린다. 전체를 관망하듯 넓은 시야를 유지한 상태에서 자신의 스피치를 바라보며, 목적에 부합하지 않는 것들을 모두 쓱쓱 걸러내는 작업이 필요하다. 세련된 스피치의 완성을 위한 마지막 점검이다.

Skill 2
짧고 간결하게 말하라

연말 각종 시상식에서 수상자의 소감을 듣다보면, 특별한 내용도 없으면서 길게 말하는 사람들이 꼭 있다. 똑같은 얘기만 반복하는 통에 수상의 감동도 사라지고 지루함만 남게 된다. 모임에서 자기소개를 하거나 건배사를 할 때도 남들은 크게 관심도 없는 자기 얘기를 길게 늘어놓는 눈치 없는 사람들 역시 외면받기 쉽다. 1시간 강연, 15분짜리 발표처럼 정확하게 할당된 시간이 있다면 그 시간만큼만 딱 채워서 시간 내에 마쳐야 한다. 하지만 정해진 시간이 없다면, 사실 길게 하는 것보다는 짧게 말하는 것이 언제 어디서나 환영받는다.

미국의 윌슨 대통령은 "1시간짜리 스피치에는 아무런 준비가 필요 없다. 20분 정도의 스피치에는 2시간 정도의 준비가 필요하다. 그러나 5분의 스피치에는 하룻밤의 준비가 필요하다"라고 말했다. 그 정도로 핵심을 짧게 말하는 것이 더 어렵다.

멀리 갈 것도 없이 자신의 경험을 떠올려보라. 말하고자 하는 내용에 확신이 없고 준비가 덜 되었을 때 중언부언하게 되지 않는가. "아, 그러니까… 그래서 제 말은 말이죠… 아, 그게 아니고… 정말 하고 싶은 이야기는…" 하면서 본인이 헤매고 있다. 반면, 준비를 많이 해서 주제를 훤히 꿰뚫고 있는 사람은 할 말이 정리되어 있기에 짧게 말할 수 있다.

핵심만을 간추려 짧고 임팩트 있게 말한다면, 청중을 사로잡는 길은 더 가까워진다. 내가 전하고 싶은 단 하나의 내용은 무엇일까? 사람들이 이것 하나만큼은 꼭 기억했으면 하는 것은 무엇일까? 그것을 간단명료하게 말하면 된다.

Skill 3
습관어와 이별을 고하라

'스피치는 뭐… 요즘 직장인들이라면 뭐… 꼭 배워야 하는 필수능력이라고 할 수 있죠, 뭐…'

어떤가? '뭐'라는 의미 없는 말이 반복해 들어가면서 내용 전달을 방해하고 있는데다가 '뭐'라는 표현의 특성상 매우 성의 없이 말하는 인상을 준다. 이처럼 누구에게나 자신만의 습관어가 있다. 대체로 사람들은 자신이 그런 습관어를 쓰는 줄 모르는 경우도 많다. 그래서 이를 인식시켜주면 생각보다 자주 사용하는 자신의 습관어에 깜짝 놀라곤 한다.

한국화에서 '여백의 미'가 보기에 아름다운 것처럼, 말에도 여백이 있는 것이 듣기에 좋다. 그런데 습관어는 말의 여백을 불필요한 말로 꽉 메워버리고 만다. 주로 생각이 나지 않을 때나 잠깐의 침묵이 두려워서 '음…' '어…' '자…' 등의 습관어로 시간을 벌기도 하고, 말의 시작이나 끝마다 의미 없이 '정말' '사실' '예컨대' '가령' '그래서' '그쵸?' 등을 습관적으로 반복하기도 한다.

이러한 습관어는 내용의 흐름을 툭툭 끊어버리고, 스피치를 매우 산만하게 만드는 주범이다. 주의 깊게 듣다보면 습관어만 귀에 툭툭 걸려 신경 쓰인다. 또 화자에 대한 부정적인 인상을 심어줄 수도 있는데, 예를 들어 '사실'이나 '솔직히 말하면' 같은 습관어는 그 이전의 말을 모두 거짓처럼 들리게 할 수 있기 때문에 조심해야 한다.

그 밖에 의성어도 일종의 습관어라 할 수 있다. 문장이 끝날 때마다 '습~' 하고 길게 숨을 들이마시는 소리, '쩝~'처럼 입을 뗄 때마다 나는 소리 때문에 거슬리기도 한다. 자신이 어떤 습관어를 쓰는지 모른다면, 스피치를 녹음해서 들어보라. 단번에 알 수 있다. 인식을 하고 쓰지 않으려 노력하면 또 금세 사라지는 게 습관어다.

오늘의 낭독

다음 글은 군더더기 없이 단순하고 명쾌하게 의미를 전달하고 있습니다. 말의 간결함을 느껴가며 낭독해봅시다.

조물주가 처음 소를 만들 때 "너는 60년만 살아라. 단, 사람들을 위해 평생 일만 해야 한다"고 말했답니다. 그러자 소는 60년은 너무 많으니 30년만 살겠다고 했습니다. 그다음 조물주가 개를 만들며 말하길 "너는 30년만 살아라. 단, 사람들을 위해 평생 집만 지켜라"고 했답니다. 그러자 개 역시 30년은 너무 기니 15년만 살겠다고 말했습니다. 세 번째 원숭이를 만들며 말하길 "너는 30년만 살아라. 그리고 사람들을 위해 평생 재롱을 떨어라"고 했답니다. 그러자 원숭이도 30년간 어떻게 사람에게 재롱을 떠냐며 15년만 살겠다고 했습니다. 그리고 마지막, 사람을 만들며 말씀하시길 "너는 25년만 살아라. 대신, 너에게는 생각할 수 있는 머리를 주겠다"고 했습니다. 그러자 사람이 조물주에게 말하기를 "그럼 소가 버린 30년, 개가 버린 15년, 원숭이가 버린 15년을 저에게 주세요." 그래서 인간은 처음의 25년에서 소와 개, 원숭이가 버린 60년을 더해 85년을 살 수 있게 되었다고 합니다.

그래서 사람은 25살까지는 주어진 시간을 그냥 저냥 살고, 소가 버린 30년으로는 55살까지 소같이 일만 하고, 개가 버린 15년으로는 퇴직하고 개처럼 집을 지키며 산다고 합니다. 그리고 원숭이가 버린 15년으로는 손자손녀 앞에서 원숭이처럼 재롱을 떨며 산다고 합니다. 老覺人生 萬事非(노각인생 만사비), 憂患如山 一笑空(우환여산 일소공). 늙어서 생각하니 만사가 아무것도 아니며, 걱정이 태산 같으나 한 번 소리쳐 웃으면 그만이라고 합니다.

여러분, 순식간에 지나가는 시간에 감사하며 하루하루를 의미 있게 보내시기 바랍니다.

_정정근 | 소소리 | 《내 이름을 불러주세요》에서

스피치 예문

가장 효과적인 다이어트 방법

여러분, 모두 다이어트에 관심 많으시죠? 이제 곧 겨울이 지나고 봄이 옵니다. 겨우내 옷 속에 숨겨둔 살들을 정리해야 할 때가 왔네요. 운동을 하고자 큰돈을 들여 헬스장에 등록하기도 하고, 닭 가슴살과 채소만 먹으며 며칠을 보내기도 하지만, 이를 지속하기는 쉽지 않습니다. 그래서 저는 오늘 가장 효과적인 다이어트 방법 한 가지를 소개해드리려고 합니다.

가장 효과적인 방법은 '배가 고플 때' 먹는 것이라고 합니다. 더 정확한 표현은 '배가 고플 때만' 먹는 것입니다. 대부분의 사람들은 배가 고파서 먹는 것이 아니라 감정이 고파서 먹는다고 합니다. 즉, '감정의 허기'를 느끼기 때문에 먹는 것입니다.

이는 우리 몸의 자연스러운 반응인데요. 우리 몸은 음식, 휴식, 마음의 변화 등 기본적인 욕구를 채우고 균형을 유지하려는 습성이 있는데, 그 균형이 깨지면 음식을 섭취함으로써 조화를 이루려고 한다고 합니다. 다들 야근하고 나면 치킨에 맥주 한잔 생각나시죠? 그것이 너무 배가 고파서가 아니라, 감정적으로 스트레스를 받아 불균형이 생겼기 때문이라는 것입니다.

무언가 자꾸 먹고 싶을 때, 여러분의 감정 상태를 한번 돌아보세요. 정말 배가 고플 때도 있겠지만, 대부분 여러분 안에 음식으로 채우고자 하는 욕구가 생겼을 수 있습니다.

오늘의 트레이닝

● 엘리베이터에서 직장 상사를 만나 짧은 시간에 핵심을 보고하는 스피치를 '엘리베이터 스피치'라고 합니다. 엘리베이터에서 상사 혹은 오랜만에 친구를 만났다고 생각하고 현재 업무 현황이나 근황을 30초 동안 말해봅시다.

*실제로 시계로 초를 재면서 30초의 길이를 느껴볼 것!

● 자신의 스피치를 녹음해서 들어봅시다. 꼼꼼히 모니터링하면서 나도 모르게 반복적으로 말하는 '습관어'가 있는지 찾아봅시다.

내가 자주 사용하는 습관어

그 외 나도 몰랐던 부족한 점

TIP

스피치 발전을 위한 2분 스피치

다음은 스피치 발전 단계에서 배운 내용을 연습하기에 좋은 주제들이다. 하루에 1~2개 주제로 꾸준히 2분 스피치 연습을 해보자. 나도 모르게 스피치 실력이 쑥쑥 향상될 것이다.

1. 나만의 버킷 리스트
2. 오늘 하루 갑자기 휴가가 주어진다면?
3. 오감으로 표현하는 내 주말의 일과
4. 나는 이번 개봉 영화의 주연 배우다. 출연 영화를 적극 홍보한다면?
5. 배우자(이성)를 선택할 때 고려해야 하는 사항 (나의 이상형)
6. 가장 자신 있는 요리 레시피 공개
7. 나 자신을 사물에 빗대어 표현
8. 특정 계절을 생각하면 떠오르는 에피소드
9. 내 인생에 힘이 되어 준 한마디
10. 지금 당장 10년이 젊어진다면?

PART 04

스피치 완성 단계

스피치 완성 단계에 들어가며

스피치 발전 단계를 마친 소감이 어떤가? 말 잘하는 사람들의 스피치 노하우가 이젠 훤히 보이지 않는가? 텔레비전을 볼 때도 이젠 그냥 멍하니 보지 말고, 말하는 이들의 스피치 스킬을 유심히 관찰해보라.

'저 연예인은 지금 과장법을 사용하고 있군. 같은 말도 저렇게 하니 진짜 웃긴데? 오호, 저 사람은 감각적으로 말을 참 잘하는구나! 너무 화끈하고 직설적이긴 하지만 머리에 쏙쏙 박히는 표현이군.'

우리가 배우고자 하는 마음만 있으면, 주변에 보이고 들리는 모든 것들이 스피치 교본이 된다. 내가 닮고 싶은 매력적인 스피치 스타일을 갖고 있는 사람도 한번 찾아보자. 그 사람을 롤모델로 삼아 그의 스피치를 자주 듣고, 인상적인 내용은 메모해놓고 실제 말을 할 때 틈틈이 활용도 해보자. 그러다보면 새로운 나만의 스피치 스타일이 만들어진다.

자, 오래 기다렸다. 이제 드디어 스피치 완성 단계다. 야호! 신나지 않는가? 목표를 세우고, 하나씩 이를 달성할 때의 짜릿함과 성취감을 지금 당신이 느끼고 있길 바란다. 이제 고지가 얼마 남지 않았다. 이 산만 넘으면 된다. 지금까지는 그저 입으로만 연습을 했다면 이젠 몸을 쓸 차례다. 표정과 제스처, 눈빛, 즉 온몸으로 자신의 감정과 열정을 분출하는 법을 배울 것이다. 목소리에도 몰입된 감정을 실어 더욱 실감나게 말하는 훈련을 할 것이다. 또 청중의 입을 열게 하고 몸을 움직이게 만들어 역동적인 소통의 장을 만들 것이다.

완성 단계에서만큼은 에너지 넘치게 훈련해야 한다. 가만히 앉아 있어서는 안 된다. 지금 당장 자리에서 벌떡 일어나 전신거울 앞에 서라. 당신의 모습을 보면서 스스로에게 격려의 말부터 해주자.

"그동안 훈련하느라 고생했어. 정말 잘했어! 이제 마지막 단계다.
멋지게 완수해보자!"

SECRET 18
Body Language

스피치에도 안무가 필요하다

대화를 나누면서 상대방의 따스한 눈빛에 매료되거나 발표자의 크고 환한 웃음, 역동적인 제스처에 절로 눈길이 갔던 경험, 누구나 있을 것이다. 온몸으로 열정과 에너지를 발산하는 사람은 누가 봐도 참 매력적이다. 신체로 표현하는 이러한 비언어적인 요소를 보통 '바디랭귀지' '몸짓언어'라고 하는데, 몸은 실제로 입보다 더 많은 말을, 그것도 아주 솔직히 한다.

미소를 머금은 채 가슴을 활짝 펴고 성큼성큼 연단에 오르는 사람에게서는 자신감이 풍긴다. '저 오늘을 위해 준비 많이 했습니다. 제대로 뭔가 보여드리겠습니다!'라는 외침이 들리는 듯하다. 반면 잔뜩 긴장한 표정에 엉거주춤한 자세로 오르는 사람에게서는 어떠한 열의나 패기도 느껴지지 않는다. '아… 제가 좀 준비할 시간이 없었거든요. 저한테 너무 주목하지 마세요. 떨린단 말이에요…'라고 몸이 먼저 말하고 있는 것 같다. 청중 앞에 등장하는 모습만으로도 발표자의 스피치 수준을 가늠할 수 있다.

몇 년 전, 한 모임에서 자기소개를 할 일이 있었다. 긴장되기도 하고, 튀고 싶지 않은 마음에 일부러 특별할 것 없는 자기소개를 하고 들어왔다. 그런데 그날 점심식사 자리에서 사람들이 내게 다가와 인사하는 법을 가르쳐달라는 것이 아닌가? 마이크는 어떻게 잡아야 하냐고 물어오기도 했다. 나는 늘 해오던 대로 허리를 숙여 정중하게 인사했을 뿐이었고, 늘 잡는 마이크를 그냥 잡았을 뿐인데 그게 그렇게 멋있어 보였다고 해서 오히려 내가 놀란 기억이 있다.

이렇듯 청중 앞에 서는 자리에서는 발표자의 작은 몸동작 하나까지도 포착되고 전부 읽히곤 한다. 평상시 어떤 자세가 몸에 배어 있는가가 적나라하게 드러나는 순간이다. 어딘지 모르게 품위 있고 정제된 모습은 한순간에 만들어지는 것이 아니다. 빛나는 아우라가 어디 그렇게 쉽게 생기겠는가. 기회 있을 때마다 잘 훈련하고 다듬어서 세련된 발표자의 모습을 갖추어야 한다. 또 나의 몸짓을 제어하면서 나의 감정과 마음 상태를 내가 원하는 방향으로 만들어갈 줄도 알아야 한다.

이번 챕터에서는 몸짓언어 중에서 사람들이 실행하기 가장 어려워하는 시선 처리와 표정, 제스처를 집중적으로 훈련해보겠다.

Skill 1

청중과 열렬한 눈 맞춤을 하라

많은 사람 앞에 서본 사람이라면, 수십 혹은 수백 개의 눈동자가 나를 향하고 있을 때의 긴장감, 압도되는 느낌을 경험해본 적이 있을 것이다. 이를 회피하고 싶어서 시선을 허공이나 바닥, 슬라이드 자료에 두면서 청중과의 눈 맞춤을 애써 외면했던 적도 있을 것이다. 그럴수록 마음은 더욱 위축되어 청중과의 진정한 소통은 멀어진 채 일방통행 스피치만 마지못해 하게 된다. 딴 곳을 보면서 혼잣말과 다름없는 말을 읊어대다가 들어오는 격이다.

낯선 사람과의 눈 맞춤은 누구나 어렵다. 더구나 대다수의 사람들을 골고루 바라보면서 스피치를 자연스럽게 하기란 여간 훈련된 사람이 아니고서야 절대 쉬운 일이 아니다. 그러나 어렵다고 계속 피하기만 할 것인가?

발표자가 청중과의 눈 맞춤을 적극적으로 하지 않으면, 청중은 먼저 발표자를 바라봐주지 않는다. 어렵고 쑥스럽더라도 일단 눈을 마주치려고 노력해야 한다. 눈빛만이 진심과 열의, 확신에 찬 마음을 전달할 수 있기 때문이다.

긴장을 많이 느끼는 사람들을 위해 한 가지 팁을 주자면, 스피치의 초반엔 당신에게 호의적인 사람들 위주로 눈 맞춤을 해보라. 예를 들어 미소를 지어보이거나 고개를 끄덕여주는 고마운 사람 몇 명을 바라보면서 시작하는 거다. 훨씬 마음이 편해진다. 그러고 나면 초반의 긴장감이 어느새 풀리면서 무표정한 사람들에게도 따스한 눈빛을 보낼 수 있는 마음의 여유가 생기게 된다.

적절한 시선 처리 요령은 다음과 같다. 첫째, 내 시선에서 소외되는 사람이 없도록 청중을 골고루 쳐다봐야 한다. 가상의 지그재그를 그리면서 한 사람, 한 사람과의 눈 맞춤을 연이어 하는 느낌으로 시선이 옮겨가야 한다. 한 번 눈이 마주치면 1~3초 정도로 안정된 시선이 머무르도록 하자. 둘째, 진심어린 따뜻한 눈빛이어야 한다. 마치 사랑하는 사람을 바라볼 때 눈 모양이 절로 하트가 되듯 그러한 존중과 애정을 담아서 청중을 바라봐야 한다. 영혼을 터치하고 이끄는 눈빛으로 청중을 사로잡아라.

Skill 2

내용에 맞는 다양한 표정을 지어라

딱히 잘생기거나 예쁜 얼굴은 아닌데 묘하게 매력적인 사람을 잘 보면 십중팔구 표정이 매우 풍부하다. 감정에 맞는 얼굴 표정을 다양하게 지어 보일 때 인간적인 매력이 폴폴 풍기는 법이다. 스피치를 할 때도 시종일관 변화 없는 얼굴로 입술만 움직이면서 내용만 전달하는 스피치는 어떠한 감흥도 설득도 없다.

얼굴에 있는 80여 개의 근육이 미세하게 움직이면서 만들어지는 것이 표정이다. 따라서 다양하고 풍성한 표정 연출을 위해서는 스피치를 하기 전에, 얼굴 근육을 양 손으로 마사지하듯 부드럽게 풀어주는 것이 필요하다. 그리고 입

꼬리를 한껏 올리면서 환하게 웃는 표정을 연습해보자. 스피치의 시작은 무조건 입가에 가벼운 미소를 띤 밝은 표정이어야 한다. 미소 짓는 얼굴에서 발표자의 여유와 자신감이 절로 느껴지기 때문이다. 앉아 있다가 자신의 차례가 되어 엉덩이를 자리에서 떼는 순간부터 입꼬리를 씩 올리자.

스피치가 진행되면서는 내용에 한껏 감정이입을 해야 한다. 말하는 내용과 일치하는 순간의 감정을 얼굴로 생생하게 표현할 수 있어야 한다. 기쁜 이야기는 눈을 크게 뜨면서 환하고 밝은 표정으로 하고, 우울한 이야기를 할 때는 미간을 찌푸려 슬픈 표정을 지어 보여라. 당신의 얼굴을 보는 청중 역시 이야기 속에 함께 빠져들 수 있도록 말이다.

Skill 3
제스처로 생동감과 열정을 더하라

퍼블릭 스피치를 하면서 손을 어찌해야 할지 모르는 사람들이 많다. 절제되지 않은 무의미한 손동작을 반복하는 경우도 있고, 어렵고 어색하다는 이유로 아예 손을 움직이지 않는 경우도 있다. 사실 제스처는 안하는 것보다는 가볍게 하는 것이 훨씬 자연스럽고, 열의에 찬 발표자의 이미지를 전할 수 있다. 또 발표자 스스로도 팔을 움직이면 말이 리듬을 타면서 더 수월하게 술술 나오는 것이 느껴진다. 제스처는 제대로 사용하면 메시지의 의미를 명확하게 하고 강조해줄 뿐만 아니라 청중의 주의집중력도 높일 수 있다.

제스처를 효과적으로 사용하려면 다음 3가지를 염두에 두어야 한다.

첫째, 몸짓이 역동적이고 활기차야 한다. 가슴 앞에서 오밀조밀 움직이는 작고 소극적인 제스처가 아니라 어깨에 힘을 빼고 어깨에서부터 손까지 팔 전체를 움직이는 크고 적극적인 제스처가 보기 좋다.

둘째, 어색하지 않고 자연스러워야 한다. 이를 위해서는 말과 제스처의 타이밍이 잘 맞아야 하고, 제스처가 말의 의미를 강화, 보완해줄 수 있는 것이어야 한다. 물론 다양한 제스처가 익숙하지 않은 때에는 동작 하나하나 계획을 세워서 율동이나 수화를 하듯이 어색함을 이겨내며 익혀야 한다.

셋째, 몸동작을 순간 멈추면 강력한 집중 효과가 있다. 무언가 질문을 던지고 대답을 기다릴 때나 혹은 어떠한 내용을 강조하고 싶을 때, 강조하고자 하는 말 직전에 순간 몸동작을 멈추면, 긴장감이 흐르면서 청중은 확 몰입하게 된다.

제스처는 스피치를 반짝반짝 빛나게 해주는 매력적인 무기가 될 수 있다. 유난히 멋져 보이는 누군가의 스피치에서 특별한 제스처를 발견한다면, 이를 눈여겨보고 거울을 보면서 따라해보라. 모방에 응용을 더해 내게 어울릴 만한 또 다른 제스처를 만들어보자. 자신만의 독특한 제스처가 스피치의 양념 역할을 톡톡히 할 것이다.

TIP

활용도 높은 제스처 BEST 10

다음은 스피치에서 가장 많이 쓰이는 10가지 제스처 사례다. 이것만큼은 연습을 충분히 해서 스피치 할 때 반드시 사용해보자.

①

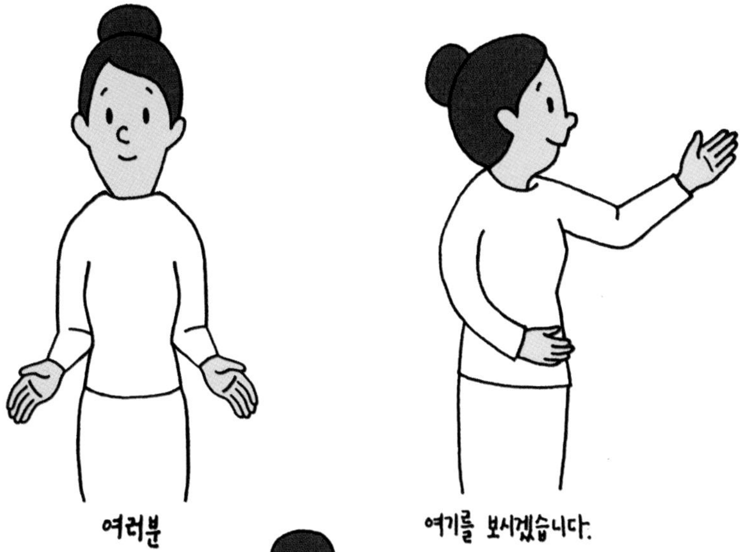

②

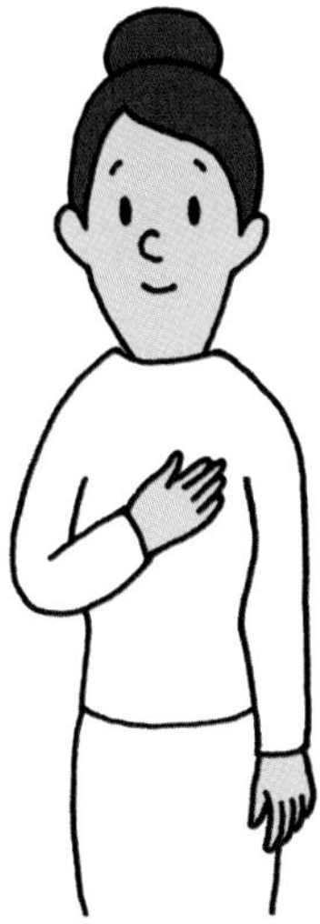

③

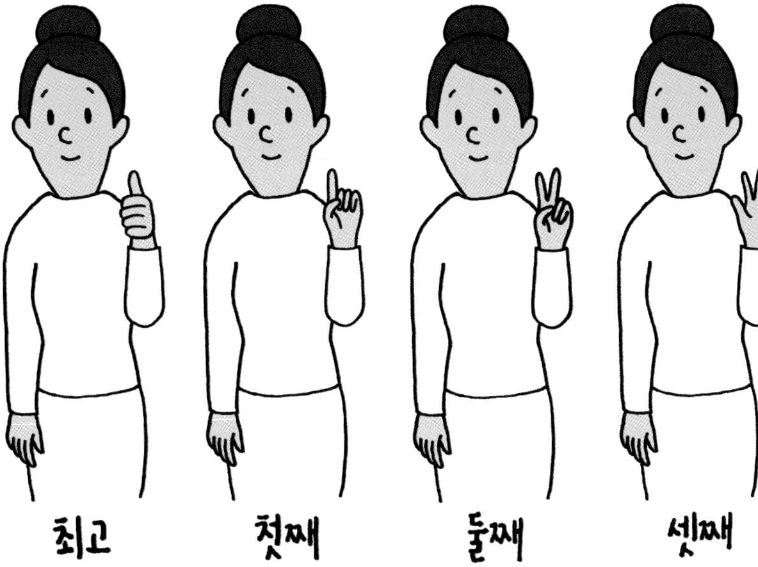

④

⑤

조금

많은

⑥

확장했습니다.

축소했습니다.

⑦

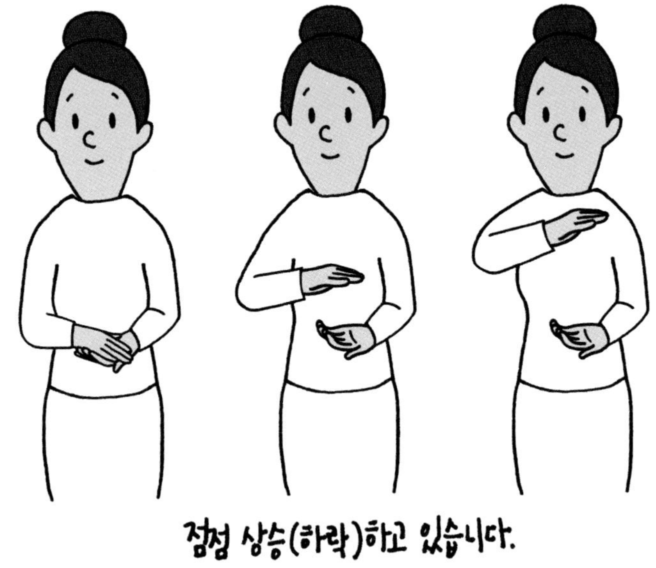

⑧

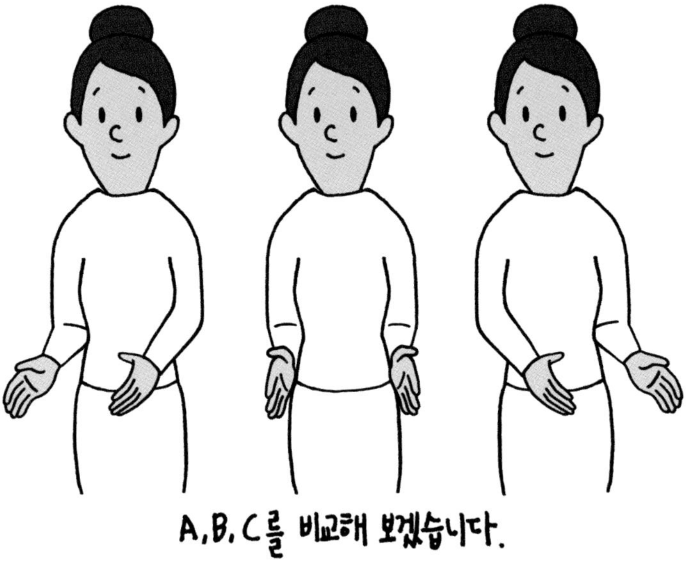

⑨

열정적으로 해봅시다. 도전합시다!

⑩

진심으로 감사합니다. 부탁드립니다.

오늘의 낭독

몸짓언어에 담긴 의미와 중요성을 생각하면서 다음 글을 큰 소리로 읽어봅시다.

얼굴은 많은 정보를 쏟아낸다. 우리는 '기분이 나빠 보인다' '기뻐 보인다' '슬퍼 보인다' '까다로워 보인다' 등 상대방의 표정, 즉 얼굴로부터 많은 정보를 읽어낸다. 승무원은 승객의 표정을 보면서 아픈 사람은 없는지, 기분이 나빠 보이는 사람은 없는지 건강과 심리 상태를 살피기 때문에 표정을 관찰하는 데는 전문가다.

그러나 요즘은 상대방 얼굴을 보지 않고 이야기하는 사람이 늘어나고 있다. 상대방이 발신하는 정보를 보지 않고 기계적으로 서류상으로만 일을 진행하는 것은 상세한 데이터를 보지 않고 전략을 세우는 것이나 마찬가지다.

상대방 얼굴을 보고 이야기하면 상대방도 나를 본다. 상대방 표정에 이끌려 이쪽도 풍부한 표정이 우러난다. 또한 그 반대로 나의 다양한 표정에 이끌려 상대방 표정이 평온해지는 경우도 있을 수 있다. 서로 상대방을 보고 이야기하는 태도는 다채로운 표정을 짓게 해준다.

_미즈키 아키코 | 중앙북스 | 《퍼스트 클래스 승객은 펜을 빌리지 않는다》에서

스피치 예문

제스처를 자연스럽게 활용하면서 다음 스피치를 연습해봅시다.

최고의 브랜드로 거듭나기 위한 두 가지 전략

여기 계신 여러분은 우리 W사가 지난 5년 간 업계 1위를 지키는 데 기여한 일등공신입니다. 다시 한 번 이 자리를 빌려 깊은 감사를 드립니다. 이제 우리 브랜드는 타사와 경쟁하는 것이 아니라 독보적인 브랜드로 거듭나고 있습니다. 이 점이 중요합니다! 우리 W사만의 차별화된 강점을 살려서 유일무이한 브랜드가 되는 것이 앞으로 우리가 나아갈 방향인데요, 이와 관련해 W사의 발전 방안 두 가지를 말씀드리겠습니다.

첫째, 고객 만족을 위한 전략입니다.

먼저, 여기를 보시겠습니다. 우리 W사와 A, B사를 비교 분석한 그래프인데요, 모든 부분에서 월등한 수치를 기록한 것을 볼 수 있습니다. 올해 상반기 W사의 교육만족도 평가는 '매우 우수'가 95%로 전년 대비 2%p 올랐고, 이 수치는 매년 점점 상승하고 있습니다. 반면 고객불만 접수는 점점 하락하고 있는 것을 볼 수 있는데요, 하지만 우리는 이에 만족하지 않습니다. 더 많은 고객이 만족할 수 있도록 프로그램 기획 단계에서부터 고객의 참여를 확대할 계획입니다. 또한 사전 설문조사를 실시해 최신 트렌드에 맞는 교육 프로그램을 지속적으로 기획해나갈 생각입니다.

둘째, 내부 변화를 위한 전략입니다.
우리 W사의 핵심 가치는 여러분도 잘 아시다시피 고객의 변화와 만족입니다. 이를 위해서는 먼저 우리가 지속적인 성장을 위한 변화를 멈추지 말아야 합니다. W사가 최고 브랜드로서의 입지를 확고히 할 수 있도록 새로운 콘텐츠 계발, 프로그램 업그레이드, 서비스 교육 등을 집중적으로 실시할 계획입니다.

앞으로 우리가 나아갈 길은 경쟁이 아닌 '온리 원', 최고의 유일무이 브랜드가 되는 것입니다. 가장 중요한 것은 우리의 핵심 가치를 지키고 우리만의 강점을 잃지 않는 것입니다. 이 점을 꼭 기억하십시오. 다시 한 번 열정을 가지고 도전해봅시다.

오늘의 트레이닝

● 다음 문장을 활용해서 시선처리 연습을 해봅시다. 첫 인사는 가운데에 있는 청중을 보며 시작했다가 시선을 왼쪽 → 가운데 → 오른쪽 → 다시 가운데로 자연스럽게 옮기면서 고른 시선 분배를 해봅시다.

(미소를 띤 채, 가운데를 응시하며)

안녕하세요? 저는 플로리스트 이정원입니다. (인사말 후, 허리를 45도로 숙여 인사)

여러분, 말리꽃의 꽃말이 뭔지 아십니까? (왼쪽을 응시하며)

바로 친절과 행복을 상징한다고 합니다. (가운데를 응시하며)

서로에게 친절을 베풀수록 우리는 더욱 행복해질 수 있지요. (오른쪽을 응시하며)

오늘 하루, 친절한 미소로 행복한 하루 보내시기 바랍니다. (가운데를 응시하며)

감사합니다. (말을 마친 후, 허리를 45도로 숙여 인사)

● 다음 제시되는 상황에 따른 표정을 거울 앞에서 지어 봅시다.

- 방긋 웃는 아기를 봤을 때 (행복, 사랑)
- 깜짝 선물을 받았을 때 (놀람, 기쁨)
- 맘에 드는 이성과 첫 데이트를 할 때 (설렘, 벅참)
- 원하던 시험에 합격했을 때 (환희, 감격)
- 입영 통지서를 받았을 때 (근심, 불안)
- 친구가 1시간 늦게 약속장소에 도착했을 때 (화남, 황당함)
- 중요한 문서가 지워져 복구가 안 될 때 (허탈, 난감)
- 지인의 갑작스런 사망소식을 들었을 때 (슬픔, 상실감)

SECRET 19
Acting Speech

뮤지컬 주인공처럼 연기하라

스피치 관련 상담을 하다보면 자신의 감정표현에 인색한 사람들을 종종 만나게 된다. 기계적인 목소리로 억양 없이 단조롭게 말하는 사람들. 표정의 변화도 찾아볼 수 없고, 시선도 어색하게 먼 곳을 향하기 일쑤다. 무슨 말을 해도 별다른 감흥도, 웃음기도 없다. 어찌 이리도 무미건조할 수가… 대화를 나누고 싶긴 한 걸까?

상담이 아닌 일상에서 이런 사람을 만나면 당장 자리를 털고 일어나고 싶을 것이다. 이렇게 감정을 드러내지 않고 말하는 사람은 도통 무슨 생각을 하고 있는지 짐작조차 할 수 없다. 말하기, 소통은 결국 사람과 사람이 마음을 주고 받는 것인데 자신의 감정조차 제대로 보여주지 못한다면 대체 무엇을 나눌 수 있겠는가.

건조하다 못해 말라비틀어진 죽은 말하기가 아니라 탱탱하게 물이 오른 살아 있는 말하기를 해야 한다. 우선 자신이 하고 싶은 이야기 자체에 몰입하라. 그리고 정직하게 흘러나오는 감정을 온몸으로 발산하다보면, 스스로도 말하기의 재미에 푹 빠지게 된다. 자신의 이야기 속에 완전히 몰입해야 그런 발표자의 모습을 보는 청중도 자연스럽게 이야기 속으로 초대된다.

선택한 주제에 대해 당신이 얼마나 이야기하고 싶어 하는지, 그때의 흥분과 느낌을 얼마나 고스란히 전달하고 싶어 하는지 솔직히 드러내야 비로소 청중의 호응을 얻을 수 있다. 물론 연극적인 감각이나 재능이 있다면 더욱 좋겠지만, 꼭 그렇지 않아도 괜찮다. 일상생활 속에서 기쁠 때 혹은 슬플 때 취하는 정도의 감정표현을 보다 적극적으로 해보라. 이를 청중 앞에서도 자연스럽게 표현할 수 있을 정도면 된다.

Skill 1
목소리에 감정을 실어라

예전 젝스키스 멤버였던 장수원 씨가 요즘 로봇연기로 인기를 끌고 있다. 로봇연기의 포인트는 말의 감정을 최대한 배제한 채 일관된 톤과 억양으로 말하는 것이다. 방송에서 연예인들이 "괜찮아요? 어디 다친 데 없어요?"라고 하는

장수원 씨의 연기 대사를 국어책 읽듯이 따라 하며 방청객의 배꼽을 잡게 만들었다. 감정을 싣지 않고 말하는 것이 지나치면 이렇게 웃음을 유발할 정도로 어색해진다.

주변에 말 잘하는 사람들을 보면 감정표현이 무척 풍부하고, 마치 그 상황에 다시금 가 있는 것처럼 생생하게 말을 한다. 유심히 들어보면 그 감정을 가장 직접적으로 느낄 수 있는 것은 바로 '목소리'다.

이들은 스피치의 처음부터 끝까지 긴장감을 늦추지 않고, 마치 목소리를 하나의 악기처럼 프로페셔널하게 연주한다. 강력하게 호소해야 할 때, 잔잔하게 감동을 줘야 할 때, 익살스럽게 이야기해야 할 때를 알고, 그 상황에 맞게 목소리를 연출하는 것이다. 발성, 발음, 속도 등이 전달력에 있어 중요하다면, 목소리를 통한 감정표현은 스피치의 생동감을 결정짓는다.

같은 내용이라도 어떤 감정을 실어 말하는가에 따라 전혀 다른 느낌으로 다가온다. 다음 지시문에 따라 목소리에 다양한 감정을 신는 연습을 해보자.

"안녕하세요?"	상냥하게 / 당차게 / 활기차게 / 시큰둥하게
"저를 좋아하세요?"	놀라서 / 느끼하게 / 감동받아서 / 못마땅하게
"무슨 일이야 있겠어?"	아무렇지 않게 / 울먹이며 / 힘차고 밝게 / 숨죽이며
"이게 만 원이야?"	기뻐하며 / 실망하며 / 놀라서 / 분노하며

이 밖에도 감정을 이입해 시 낭송을 하거나, 자신이 성우가 되었다 생각하고 라디오 광고 멘트를 연습하는 것도 감정표현에 큰 도움이 된다.

Skill 2

온몸으로 감정을 표출하라

조금 전 감정이입 연습을 할 때, 당신의 표정은 어땠는가? 내용에 몰입하는 동시에 감정과 일치하는 표정이 순간 만들어졌을 것이다. 시각언어 중에 가장 비중이 크면서도 즉각적으로 감정이 읽히는 것이 바로 얼굴 표정이다. 과학적으로도 얼굴 표정을 만들어내는 근육은 뇌신경과 직접 연결되어 있기 때문에 표정은 감정의 변화와 직결되어 있다고 한다.

이렇게 '감정, 목소리, 표정' 셋은 단짝친구처럼 늘 함께 다닌다. 목소리 연기자인 성우들의 더빙 현장에 가보면, 성우들이 절대 소리만으로 연기하지 않는다는 사실을 알 수 있을 것이다. 오만가지 표정과 각종 몸짓으로 스튜디오 안은 실제 연극무대를 방불케 한다. 물론 녹음된 음성 안에 표정과 몸짓이 눈으로 보이지는 않지만, 모두 고스란히 담겨 들리는 듯하다.

평소에 대화를 할 때에도 기분 좋은 이야기를 할 때와 화가 나는 이야기를 할 때, 표정과 제스처는 확연히 달라진다. 예를 들어 반가운 사람을 만나 기쁠 때는 눈썹이 치켜 올라가면서 얼굴이 환해지고, 입 꼬리가 올라가 웃는 표정이 만들어진다. 나도 모르게 손을 번쩍 들거나, 양 팔을 벌려 상대를 환영하는 몸짓을 취하기도 한다. 반면, 심각한 분위기 속에서 상대방을 강하게 설득해야 할 때는 몸이 앞으로 숙여지고, 표정이 굳어지면서 눈과 미간에 잔뜩 힘이 들어가게 된다.

자, 감정표현이 서툰 사람들은 지금부터라도 자신의 감정을 온몸으로 적극적으로 표현하겠다고 마음먹어보자. 단순히 해보지 않아서, 어색하다는 이유로 표현을 억누를수록 당신은 매력적인 사람에서 멀어질 뿐이다. 인간이기에 느낄 수 있는 소중한 감정들을 다양하고도 풍부하게 온몸으로 표출해보자.

Skill 3

"따옴표" 속의 대화를 실감나게 살려라

앞서 스토리텔링의 중요성에 대해 강조한 바 있다. 스토리텔링은 자연스럽게 이야기에 빠져들게 함으로써 청중의 몰입도를 높이고, 발표자가 말하고자 하는 메시지를 간접적으로 전해서 청중을 부드럽게 설득한다. 그런데 스토리텔링은 이야기를 재미있게 각색하는 것도 중요하지만, 그 이야기를 맛깔나게 전달하지 못하면 소용이 없다.

스토리의 극적인 상황, 당혹감, 안도감, 뿌듯함, 흥분감 등 그 순간의 감정을 목소리와 표정, 제스처로 잘 전해야 청중의 공감을 극대화할 수 있다. 특히 스토리 안에는 누군가의 말, 대화 등이 삽입되는 경우가 많은데, 이때 " "(따옴표) 속의 대화를 실제 말하듯이 실감나게 표현하는 것이 중요하다. 대상을 흉내 내면서 생생하게 캐릭터를 살려야 스토리텔링의 재미가 배가 된다.

뜨거운 반응을 불러일으키는 유명한 강사들의 퍼포먼스를 자세히 살펴보면, 늘 "따옴표"를 잘 살린다. 남자 강사가 여성의 하이톤 목소리를 천연덕스럽게 내기도 하고, 어린아이의 개구진 목소리를 내며 동작까지 곁들여 우스꽝스러운 연기를 선보이기도 한다. 마치 잘 짜여진 연극 한 편을 눈앞에서 보고 있는 듯한 착각을 청중에게 불러일으킨다. 연기자가 아님에도 강단에서 그렇게 연기를 펼치기까지는 얼마나 많은 연습을 했겠는가. 그만큼 능숙한 전문 강사는 아니더라도 우리가 청중 앞에 서서 스피치를 하는 순간만큼은 얼굴에 두꺼운 철판을 깔고 조금은 능청스러워질 필요가 있겠다.

오늘의 낭독

다음 글을 감정을 풍부하게 실어 낭독해봅시다.

누군가는 10분 동안 고민에 빠지지만,

당신은 10분 동안 사랑에 빠집니다.

누군가는 10분이면 부족하다 말하지만,

당신은 10분이면 생명까지 살립니다.

사랑에 빠지는 시간 10분,

세상에서 가장 따뜻한 10분.

당신이 나누는 10분에 모두가 따뜻해지는 곳,

여기는 헌혈의 집입니다.

_대한적십자사 '헌혈캠페인 홍보영상'에서

스피치 예문

운수 좋은 날

여러분, '오늘따라 참~ 되는 일이 없다'라고 느껴지는 날 있죠? 유독 아침부터 일이 계속 꼬이고, 하는 일마다 잘 안 되는 날 있잖아요. 그럴 땐 이런 생각이 듭니다. "아, 오늘은 뭘 해도 안 되네. 오늘은 날이 아니다!"

저에게도 며칠 전 그런 날이 있었습니다. 아침에 지하철역으로 가는 버스를 간발의 차로 놓쳐서 하는 수 없이 택시를 탔는데, 글쎄 저희 회사 가는 길을 잘 모르는 기사님을 만난 겁니다. 택시비는 택시비대로 왕창 나오고 지각은 지각대로 했죠. 사무실을 살금살금 들어가면서 '아, 제발! 과장님이 늦게 출근하시길!'이라고 소원을 빌어보지만, 그날따라 유독 일찍부터 나와 앉아 계신 과장님… 그리고 하필, 아침에 일찍 와서 작성하려고 했던 서류를 보자고 하십니다.

오후엔 더 안 좋은 일들이 이어졌습니다. 동료들과 점심을 먹고 들어오는 길에 빙판길에 미끄러져 대자로 넘어진 겁니다. 요즘 썸 타던 동료가 잡아주면서 "괜찮아요? 어디 다친 데 없어요?"라고 하는

데, 정말 숨고만 싶었습니다. 그리고 마지막 하이라이트는 화장실에 갔다가 휴대폰을 바닥에 떨어뜨린 것입니다. "액정만 멀쩡해라, 제발, 제발!!" 그러나 여지없이 산산조각 나 있는 액정… 수리비가 어마어마하게 나왔습니다.

듣기만 해도 정말 짜증나시죠? 전 그날 밤이 되니 하루 종일 운이 없었다는 생각에 속상하더라고요. 그런데 그날 책에서 이런 구절을 봤습니다. "삶이란 애초에 불완전하다. 운이 좋을 때 그저 한 땀, 한 땀씩 살아가는 것이 인생이다. 어쩌면 평범한 듯 지나가는 일상 자체가 기적인지도 모른다."

그 글을 보고 나니, 정말 운이 안 좋았던 날 외에 평범했던 나머지 날들이 감사하게 느껴졌습니다. 여러분도 한번 생각해보세요. 여러분의 삶도 평범하지만 아무 탈 없이 지나갔던 기적 같은 날들의 연속이었을 것입니다.

오늘의 트레이닝

● 최근에 내가 누군가로부터 들은 감동적인 말이나 기분 좋았던 칭찬, 찬사를 떠올리며 당시의 감정을 최대한 살려서 스피치를 해봅시다. 당시 누군가와의 대화를 "따옴표"로 살려보거나 혼자만의 생각을 '작은따옴표'로 처리해 감정을 담아 표현해봅시다.

• 어떤 상황이었나?

• 어떤 대화를 나누었나? 혹은 어떤 생각을 했는가?

• 그때 어떤 기분이었나?

● 이번엔 반대의 상황입니다. 당황스러웠던 순간 혹은 실수했던 경험 등을 떠올리며 당시의 감정을 최대한 살려서 스피치를 해봅시다. 당시 누군가와의 대화를 "따옴표"로 살려보거나 혼자만의 생각을 '작은따옴표'로 처리해 감정을 담아 표현해봅시다.

• 어떤 상황이었나?

• 어떤 대화를 나누었나? 혹은 어떤 생각을 했는가?

• 그때 어떤 기분이었나?

SECRET 20

Two Way Speech

청중과 커뮤니케이션 하라

학창시절, 월요일 아침이면 운동장에 일제히 줄을 서서 교장선생님의 훈시를 듣던 아침조회 시간이 기억나는가? 대부분의 학생들은 듣기는커녕 딴 생각을 하고, 지루한 나머지 옆 친구와 장난을 치거나 몸을 배배 꼬기 마련이었다.

그래서일까. 죄송하게도 '교장선생님 스피치'는 소통 없이 일방적으로 지루하게 말하기의 대명사로 여겨진다. 공식석상에 가보면 여전히 이러한 스피치를 구사하는 정치인, 기업인들이 많다. 청중과 눈 한 번 마주치지 않고 정수리만 보여주면서, 원고에 코를 박고 줄줄 읽어 내려가는 따분한 스피치. 혼자 자기 할 말만 계속해서 늘어놓아 졸음을 부르는 스피치. 청중은 '대체 이 말이 언제 끝나나…' 하며 시계만 보고 있다. 과연 누구를 위한 스피치일까?

세상이 바뀌었다. 스피치의 트렌드 역시 바뀌었다. 일방적으로 주장하고 강요하고 가르치는 One Way 스피치의 시대는 끝났다. 이제는 발표자와 청중이 서로 소통하고 교감하는 Two Way 스피치가 환영받는다. 특히 최근에 강연 문화가 자리 잡으면서 청중과 일대일로 대화하는 듯한 편안한 스피치가 더욱 각광을 받고 있다. 청중과 함께 그 자리에서 상황극을 꾸며보기도 하고, 청중의 사연을 듣고 함께 고민을 나눠보기도 한다.

나 역시 강연 전에, 청중과의 원활한 교류를 위해 이번엔 어떤 방법을 써볼까 반드시 고민한다. 왜일까? 혼자만 떠드는 스피치는 나도, 청중도 재미없기 때문이다. 따분함이 역력한 청중의 표정을 보는 순간, 초점 없는 희미한 눈빛을 마주치는 순간, 나의 자신감과 의욕도 땅에 떨어진다. 나와 청중의 흥을 돋우고, 진정으로 소통하고 교감하기 위해 다음 3가지 기법을 꼭 기억하고 적절히 사용해보자.

Skill 1
청중의 참여를 유도하라

발표자가 주도하지 않으면 청중은 엉덩이를 자리에 딱 붙이고, 입은 꾹 다문 채 한마디도 하지 않을 것이 분명하다. 이러한 청중을 어떻게든 움직이게 만들어야 한다. 입을 열어 대답하게 하고, 손을 들게 하고, 옆 사람과 이야기하게 하고, 웃고 박수치게 만들어 분위기를 활활 타오르게 만들어야 한다.

가장 간단하면서도 효과적인 방법은 쉬운 질문을 해서 손이라도 들게 하는 것이다. 예를 들어보자.

"여러분, 지금부터 질문을 하나 드릴 테니 손을 들어서 답을 해주십시오. 나는 발표를 하기 전에 심장이 두근반 세근반 되면서 머릿속이 하얘진다! 멍하니 아무 생각이 없어진다! 하시는 분은 손을 들어주세요."

그러면 사람들은 조심스럽게 옆 사람 눈치를 보면서 슬금슬금 손을 든다. 그러면서 주제에 대해 다시 한 번 생각해보게 되고, 자신과 비슷한 사람이 의외로 많다는 사실에 흥미를 갖고 이야기에 더욱 집중하게 된다.

또, 간단한 질문을 던져서 큰 소리로 답을 외치게 할 수도 있다. 얼마 전 연극을 보러갔는데, 연극이 시작되기 전 한 스태프가 나와서 관객들의 분위기를 띄우고 있었다. "저를 닮은 연예인은 누구일까요? 맞히시는 분께 5만 원 상당의 화장품을 드립니다!"라는 질문에 어느 여성 관객이 "원빈!!"이라고 큰 소리로 외쳤고, 그녀가 바로 행운의 주인공이 되었다. 공연장이 일제히 웃음바다가 된 것은 물론이다.

이렇듯 웃음을 유발할 수 있는 질문도 좋고, 또 그 질문에 책이나 커피상품권 등 청중이 탐낼 만한 상품이 걸려 있으면 청중은 더욱 적극성을 발휘하므로 더할 나위 없다. 나 역시 강의를 할 때면 늘 초반에 이렇게 말한다.

"오늘 가장 열심히 참여해주신 세 분께는 제 사인이 들어간 책을 한 권씩 선물로 드리겠습니다!"

말이 끝나기가 무섭게 청중은 박수를 치며 환호하고, 눈빛부터가 싹 달라진다. 예상 외로 별 반응이 없으면 "이럴 때 다른 분들은 박수를 치시던데요" 하면 그제야 다들 웃으며 박수를 보낸다.

이 밖에 청중들끼리의 교류를 통해서도 분위기를 화기애애하게 만들 수 있다. 가장 가까이 있는 옆 사람과 반갑게 웃으며 인사를 나누게 한다든지, 간단한 주제에 대해 의견을 나누고 발표하게 한다든지, 두세 사람씩 그룹을 지어 실습을 하게 하면 그들끼리 의사소통이 활발히 이루어지면서 전체적인 분위기가 확 뜨는 효과가 있다. 이는 청중 모두의 기분을 즐겁게 만들어 내용을 받아들이는 데 매우 긍정적인 영향을 미친다.

당신은 청중의 참여와 웃음을 어디에서 어떻게 이끌어낼 것인가? 스피치를 하기 전에 반드시 고민해보자.

Skill 2

칭찬하고, 또 칭찬하라

청중은 대개 수동적이고 경계심이 많다. 대부분 생판 모르는 사람들과 어색하게 앉아 있는데다가 처음 보는 발표자 또한 낯설긴 마찬가지다. 너무 진지하고 심각한 분위기 속에서는 발표자도 자칫 움츠러들기 쉽고, 청중들도 감성이 아닌 이성의 잣대로 무언가를 평가하려드는 분위기가 조성된다. '얼마나 잘하나 보자' 하는 청중의 냉소적 태도, 팔짱을 낀 채 의자에 등을 기대는 고압적 자세는 바로 이런 차가운 분위기에서 나온다.

따라서 발표자는 최대한 빨리 딱딱한 분위기를 말랑말랑하게 풀어주면서 청중이 마음을 활짝 열도록 만들어야 한다. 효과적인 방법 중 하나가 바로 청중을 칭찬하고 인정해주는 것이다. 칭찬과 기대의 말을 들으면 청중은 일단 기분이 좋아지고, 이에 부응하기 위해 더 열정을 가지고 임하게 된다.

스피치 초반에 칭찬하는 방법으로는 스피치를 들으러 온 열정과 노고를 알아주는 것이다.

> "이렇게 궂은 날씨 속에서도 (이른 아침에 / 주말 황금 같은 시간에 / 먼 곳에서도) 자기계발을 위해 여기 모이신 모든 분들, 정말 대단하십니다. 자신의 삶을 위해 노력하시는 여러분은 모두, 이미 성공자라고 생각합니다."

스피치 중간에 "오늘 참여하신 분들, 그 어느 때보다도 열기가 정말 뜨겁습니다. 최고입니다!"라고 칭찬하면, 청중도 스스로 그에 걸맞은 행동을 하려고 노력하게 된다. 만약 실습을 유도했을 때 자발적으로 참여하는 이가 있다면 그의 용기와 적극성에 대한 감사와 칭찬의 말을 꼭 해줘야 한다. 실습이 끝났을 때는 매우 잘했다는 의미로 전체 청중이 박수를 보내도록 하자.

스피치를 마무리할 때에는 "오늘 열정적인 여러분과 함께한 시간, 제가 오히려 에너지를 받아가는 느낌입니다. 정말 감사합니다"라는 감사의 표현도 잊지 말아야 한다. 끝으로 질의응답 시간이 있다면, 질문한 이에게 "좋은 질문(예리

한 질문 / 핵심적인 질문)을 **해주셨습니다"라며 질문에 대한 칭찬의 말을 꼭 덧붙여라.**

우호적인 관계, 긍정적 분위기를 스피치 내내 유지하는 것은 청중과의 원활한 교류를 위한 필수요소다. 청중을 위하고 귀하게 여기는 마음을 바탕으로 작은 것에도 감사와 칭찬의 표현, 인정하는 말을 자주 하도록 하자.

Skill 3

'우리'가 남이가!? '우리'를 강조하라

스피치에서 중요한 것은 '공감대 형성'이다. 남의 이야기가 아닌 '나의 이야기'라고 느껴야 청중은 동질감을 느끼며 스피치에 더 몰입하기 마련이다. 그러한 유대감, 일체감을 느끼게 해주는 아주 좋은 표현이 '우리'라는 단어다. 특히 우리나라 사람들은 유독 '우리'라는 표현을 좋아한다. 영어식으로 '내 엄마, 내 남편, 내 집'이라고 말할 때보다 '우리 엄마, 우리 남편, 우리 집'이 훨씬 더 부드럽고 다정한 느낌이 든다. 이게 바로 한국적인 정서다. 스피치를 할 때도 의도적으로 '우리'를 강조해보자. 청중에게 더욱 친근한 느낌으로 다가갈 수 있다.

“뛰어난 우리 직원들의 헌신과 노력 덕분에 우리 회사가 이만큼 성장할 수 있었습니다.”
“우리 동문들이 십시일반 뜻을 모아서 이번 신입생을 위한 장학금을 마련했습니다.”
“저는 여기 모인 우리 학생들만큼 뚜렷한 비전을 가진 친구들은 만난 적이 없습니다.”

더불어 무언가를 함께 해보자고 설득할 때도 역시 ‘우리’를 자주 사용하면 좋다. 발표자가 청중을 일방적으로 가르치고 계몽하려는 태도를 취하면 ‘네가 뭔데?’라는 부정적이고 방어적인 반응이 나올 수 있지만, ‘우리’라는 표현을 사용해서 “우리 모두 힘을 내봅시다. 우리는 잘할 수 있습니다. 우리 한 번 목표를 달성해봅시다” 하며 권유하는 형식으로 말하면 거부감이 없다.

또 약간은 어렵고 조심스러운 이야기를 꺼낼 때, 나 혼자만의 생각이 아닌 점을 강조할 때도 ‘우리’라는 표현을 쓰면 내용이 완화된다.

“우리가 살면서 가장 어려운 것은 다른 사람의 마음을 얻는 일이겠지요.”
“우리 모두 이런 생각 한 번쯤은 다 해보셨을 것 같은데요, 만약 내가 갑자기 세상을 떠난다면 어떨까요?”

이처럼 청중을 참여하게 하고, 청중을 칭찬하고, ‘우리’를 강조하다보면, 나 혼자만의 스피치가 아닌 공감과 소통의 스피치는 단숨에 가능하다. 우리 모두 소통의 달인이 되어보자.

오늘의 낭독

다음은 청중을 칭찬하고, 참여하는 기법이 잘 쓰인 강연의 일부입니다. 이를 자신의 강연안이라고 생각하고 소리 내어 말하듯이 읽어봅시다.

안녕하십니까? 야채 파는 총각 이영석입니다. 강의를 많이 하다보면 어떨 때는 분위기가 매우 좋고, 또 어떨 때는 분위기가 매우 안 좋습니다. 그래서 분석을 해봤더니 3가지 요인이 있더라고요. 첫 번째, 남성분들과 여성분들의 비율에 따라 분위기가 다릅니다. 그런데 오늘 첫 번째 조건은 괜찮습니다. 두 번째는요, 평균 연령층에 따라 분위기가 다릅니다. 오늘 두 번째 조건도 상당히 만족스럽습니다. 마지막 세 번째는요, 주로 앞자리에 젊고 예쁘신 여성분들이 앉아 계시면 분위기가 너무너무 좋습니다. (앞자리 여성들 환호)

네, 분위기를 잠깐 전환시키고 시작할까요? 여러분, 손 한 번 흔들어보세요. 아침에 일어나면 이렇게 꼭 하셔야 해요. 사람들을 만나려면 몸에 힘을 빼야 합니다. 힘이 들어가면 만나기 어렵거든요. 어깨도 한 번 돌려보세요. 목도 좌우로 흔드시고요. (청중들 가벼운 스트레칭) 몸통을 돌리면서 좌우로 마주치시는 분들과 인사 한번 나누세요. 네, 인사 나누세요. 영혼을 좀 담아서 하세요! (청중들 까르르 웃으며 서로 인사) 만남을 위해서는 영혼을 담아야 합니다. 잘하셨습니다. 자, 그럼 이제 만남을 위해 떠나볼까요? (청중들 대답: 네!) 좋습니다.

_CBS <세상을 바꾸는 시간 15분> 499회 총각네 야채가게 이영석 대표 강연 '만남이 당신의 인생을 바꿉니다'에서

*자료제공: '세상을 바꾸는 시간, 15분' 유튜브 세바시 채널 www.youtube.com/cbs15min

스피치 예문

당신과의 식사는 얼마입니까?

황금 같은 주말에 쉬지 않고 자신을 위해 투자하시는 여러분, 정말 멋집니다. 우리 스스로에게 박수를 한번 크게 쳐줍시다!

여러분, '투자의 귀재'라고 불리는 워렌 버핏 아시죠? 그와의 한 끼 식사가 얼마인 줄 아십니까? 네, 10억! 22억! 모두 큰 금액을 불러주고 계시는데요. 가장 비싸게 팔린 식사권의 금액은 자그마치 346만 달러, 한화로 38억 원에 육박한다고 합니다.

자, 그렇다면 과연 나와의 식사는 얼마일까요? 우리는 누군가에게 혜안을 주고 터닝포인트의 순간을 안겨줄 수 있는 사람인지 한번 생각해봅시다.

얼마 전 회사 후배와 함께 술자리를 가진 적이 있는데요. 후배가 조심스럽게 고민을 털어놓았습니다. 요즘 일도 재미없고, 이 일을 왜 하는지, 무슨 비전이 있는지 잘 모르겠다고 하더군요. 저 역시 입사 후 3~4년이 지났을 때 그런 생각을 한 적이 있었기 때문에 그 마음을 이해할 수 있었습니다. 그래서 제가 당시 느꼈던 감정과 나름 극복하기 위해 행했던 방법들을 말해줬습니다. 그 후배는 조용히 듣고 있더니 '오늘 선배와 이런 시간을 갖지 않았다면 큰일 날 뻔했어요. 갑자기 다시 열심히 하고 싶다는 마음이 샘솟네요! 또 고민이 있을 때마다 상담해도 되죠?'라며 수업료로 술값까지 내더군요. 별말 아니었는데 그렇게 받아들여주니 제가 다 고마웠습니다. 그러면서 느낀 것이 있습니다. 워렌 버핏처럼 큰돈을 벌게 해주는 지식은 없어도 상대방의 마음을 알아주고 진솔한 조언을 해주는 것만으로도 누군가에게는 큰 도움이 된다는 것을 말입니다.

우리 모두 지금까지 열정을 투자해 자신만의 삶을 일궈왔습니다. 우리가 지금까지 해온 많은 실패와 사소한 고민들조차도 누군가에게 큰 힘이 될 수 있습니다. 저는 이제 이 후배가 저를 다시 찾았을 때 좋은 이야기를 많이 해줄 수 있도록 더욱 열심히 살아야겠습니다. 여러분도 누군가에게 함께 식사하고 싶은 사람이 되시기를 바랍니다.

오늘의 트레이닝

● 여러분이 회사의 CEO라고 가정하고, 직원들 앞에서 신년사를 해봅시다. 위에서 익힌 3가지 교류 방법을 적절히 활용하는 것이 중요합니다.

• 청중을 참여시킬 수 있는 멘트

• 직원들을 향한 칭찬의 한마디

• '우리'라는 표현을 넣어 직원들을 동기부여할 수 있는 멘트

● 위 멘트를 골고루 넣어 하나의 멋진 신년사를 완성해봅시다.

● 강연 무대에 섰다고 생각하고 나만의 미니 특강을 열어봅시다. 자신의 직무나 관심사, 동기부여 메시지 등 자신이 가장 하고 싶은 주제를 선정해 청중과 교류하며 강연 스피치를 완성해봅시다.

• 청중을 참여시킬 수 있는 멘트

• 청중들을 향한 칭찬의 한마디

• '우리'라는 표현을 넣어 청중을 동기부여할 수 있는 멘트

● 위 멘트를 골고루 넣어 하나의 멋진 미니 특강을 완성해봅시다.

SECRET 21
PMP 법칙
(Practice Makes Perfect)

연습이 완벽을 만든다

사람들이 '말 잘하는 비법'을 진지하게 물어올 때가 있다. 그러면 난 당연히 '연습'만이 답이라고 말한다. 그러나 무작정 연습하는 것이 아니라 '제대로' 된 방법과 원칙을 알고, '많이' 연습하는 것이 중요하다고 강조한다.

세상의 모든 일이 그렇지 않은가. 일이든, 놀이든, 운동이든 어느 한 가지에 익숙해져 잘하게 되기까지는 먼저 이론이나 요령을 알아야 하고, 그 이후 숱한 노력과 일정량 이상의 시간 투자가 있어야 한다. 우리는 그 사실을 당연히 알고 있으면서도 외면하고 싶어 하는 것 같다. 단기주사요법처럼 뭔가 쉽고 빠르게 나아지기를 얼토당토않게 원한다.

스피치 실력도 마찬가지다. 단 몇 회의 수업을 들었다고 해서, 연습 몇 번 했다고 해서 급속도로 실력이 향상되진 않는다. 평상시 습관처럼 꾸준한 연습이 필요하다. 특히 자신의 업무성과에 대한 발표나 회사의 사활이 걸린 수주경쟁 PT 등을 앞두고 있을 때에는 집중적인 리허설을 통해 완벽한 프로의 모습으로 무장해야 한다.

사람들이 중요한 스피치를 앞두고 정도의 차이는 있을지언정 누구나 긴장과 걱정을 하기 마련이다. 그리고 그 이면에는 '혹시 내가 실수라도 해서 사람들의 비웃음을 사면 어떡하지?' '떨려서 잘못하기라도 하면 체면이 말이 아닐 텐데…' 하는 심리가 숨겨져 있다. 생각해보면 실수하게 되는 원인은 대개 비슷하다. 준비와 연습이 부족한 탓이다.

내가 말할 내용에 대한 충분한 숙지가 되어 있지 않으면, 절대 자신감 있는 내용 전개는 불가능하다. 그저 내용을 더듬더듬 떠올리며 말을 이어나가는 수준밖엔 안 된다. 강약의 조절, 감정이입, 표정, 제스처 연출 같은 건 생각조차 나지 않는다. 그냥 이 시간을 어떻게든 메우는 것이 목표가 되어버리는 하나마나한 스피치가 되는 것이다.

당신과 청중의 소중한 시간을 그렇게 허비하고 싶은가? 마음은 분명 그렇지 않을 텐데, 애석하게도 몸이 안 따라준다. '아, 진짜 연습하기 귀찮은데… 내용은 아니까, 뭐 그냥 어떻게든 하면 되겠지?'라는 생각에 게을러지기 일쑤다. 중요한 프레젠테이션 전, 몇 번의 연습을 하는지 스스로 돌아보라. 한두 번 쓱 스크립트만 읽고, 순발력에 의지해 대충 발표한다면 반성할 일이다.

19세기 미국의 정치가이자 언론인인 다니엘 웹스터는 "준비 없이 다른 사람

앞에 서는 것은 반나체로 서는 것과 같다"고 말했다. 반쯤 벌거벗은 부끄러운 모습으로 청중 앞에 서고 싶은가? 아닐 것이다. 자신감으로 눈부시게 빛나는 아름다운 옷을 입고 싶을 것이다. 그 자신감은 충분한 준비와 연습에서만 나온다. 그렇다면 어떻게 연습을 해야 할까?

Skill 1

상상 리허설을 하라

내가 가장 즐겨하는 리허설이다. 힘도 들이지 않고, 오로지 머릿속 생각만으로 즐거운 상상의 나래를 펼칠 수 있다. 게다가 상상했던 모습이 현실로 펼쳐질 때의 짜릿함이란! 원하고, 바라는 것들을 구체적으로 상상하라. 우주로 그 긍정적 에너지를 뿜어 보내라. 그것이 이루어졌다고 믿어라.

2005년 나의 첫 기업체 강의. 400여 개의 검은 눈동자가 나를 향하고 있을 때의 긴장감이란 정말 엄청났다. 강의를 준비하는 동안의 부담감도 매우 컸다. '내가 정말 잘할 수 있을까?' 하는 두려움과 의심을 극복하고 첫 강의를 무사히 마칠 수 있었던 건, '상상 리허설' 덕분이었다. 성공적으로 강의하는 모습을 열렬히 상상했다. 그냥 막연히 한 것이 아니라, 구체적으로 뚜렷하게 이미지를 그렸다. 강의하는 장소와 상황, 자리에 앉아 있다가 호명이 되어 당당히 걸어나가는 나의 모습, 무대에 서서 청중을 바라볼 때 내 눈 앞에 펼쳐지는 장면 하나 하나, 내 말에 고개를 끄덕이며 호응하는 청중의 반응, 열정적인 몸동작으

로 무대를 종횡무진 활보하는 나의 모습을 머릿속에 자꾸 그려 보았다. 상상 속에서 난 이미 멋진 강연자였다!

흔히 중요한 스피치를 앞두고 사람들은 자기도 모르게 덜덜덜 떨고 있는 부정적인 자기 모습을 떠올리는 경우가 많다. 그런 두려움과 공포도 실은 나의 상상이 만들어낸 것이다. 생각이 모든 것을 끌어당긴다고 하지 않는가. 부정적인 모습이 아닌 긍정적이고도 가장 이상적인 자신의 모습을 눈을 감고 그려 보자. 무대에 서서 청중을 바라보는 내가 되어보기도 하고, 내가 청중이 되어 무대에 서 있는 나를 객관적 시선으로 바라보기도 하자. 상상 속에서 모든 것은 가능하고, 상상은 곧 현실이 된다. 이를 믿자!

Skill 2

셀프 리허설을 하라

'셀프 리허설'이란 발표할 내용을 혼자서 연습하는 것인데, 셀프 리허설의 방법과 시행횟수에 따라 스피치의 성공여부가 달려 있다고 해도 과언이 아니다. 가장 중요한 것은, 눈으로(혹은 속으로)만 읽는 것이 아니라 '입'으로 중얼중얼 소리 내어 연습하는 것이다. 아무리 멋들어진 표현과 어휘들로 머릿속이 꽉 차 있고 내용을 전부 알고 있다 하더라도, 그것을 입 밖으로 '내뱉는' 연습을 하지 않으면 실제 상황에서 생각만큼 '말'이 되어 나오지 않는다. 머릿속에서, 입안에서 뱅뱅 맴돌기만 할 뿐이다. 입에 완전히 익은 말만이 긴장된 상황에서도 아무렇지 않게 툭툭 튀어나올 수 있음을 기억하자.

내용을 완벽히 장악하고 생소한 표현을 입에 확실히 익게 하고 싶다면 사전에 원고를 작성해보라. 나 역시 초보 강사였을 때, "안녕하세요? 미소가 아름다운 여자, 우지은입니다"로 시작하는 첫인사부터 "적극적으로 제 강의를 들어주셔서 고맙습니다"라는 끝인사까지 모든 내용을 원고에 담았다. 보통 10포인트로 A4용지 한 장을 채워 말하면 약 3분 30초~4분 정도의 분량이 나온다. 2시간의 강연이라면 무려 30장 이상을 써야 한다. 그럼에도 불구하고 내가 긴 시간을 들여 원고를 작성했던 이유는 글을 쓸 때 비로소 스피치 내용이 완전히 숙지되고 정리가 되며, 마음의 불안감이 사라졌기 때문이다.

원고를 작성한 후에는 머리와 입에 새기듯이 수없이 소리 내어 읽어야 한다. 계속 읽다보면 원고를 보지 않고도 말할 수 있는 단계에 이르게 되는데, 이때부터는 선 자세에서 제스처, 표정, 동선 등을 실제 발표와 똑같이 해봐야 한다.

셀프 리허설을 실전처럼 여러 번 하다보면, 준비 단계에서는 미처 알지 못했던 수정할 거리들이 분명 생긴다. 이렇게 모난 부분들을 둥글게 다듬어 완성해나가는 작업이 바로 셀프 리허설이다. 이 기간을 나는 '스피치 숙성기간'이라 부른다. 벼락치기를 하듯 한꺼번에 많은 시간을 연습하는 것보다는 며칠을 두고 숙성시키듯 조금씩 연습하는 것이 몸에 깊이 새겨진다. 숙성시킨 스피치만이 실전에서 여유로움을 발휘할 수 있다.

반복된 연습으로 더 이상 수정할 게 없는 상태가 되면, 이때 시간을 재어보라. 제한된 시간 안에 딱 끝낼 수 있도록 말이다. 너무 힘든 거 아니냐고? 이런 노력조차 없이 스피치를 잘하기를 바라는가? 그렇다면 당신은 지나친 욕심쟁이~ 우후훗!

Skill 3
동료 리허설을 하라

혼자서 연습할 때와 앞에 단 한 사람이라도 청중이 있을 때의 느낌은 사뭇 다르다. 셀프 리허설을 충분히 했다면, 마지막으로 동료들에게 청중의 역할을 부탁하고 그들 앞에서 실전 발표처럼 해보는 '동료 리허설'이 큰 도움이 된다. 청중과 눈을 맞추고, 반응을 살피고, 혼자서 연습했던 목소리 연출과 제스처, 표정 같은 모든 전달 기술을 동원해보는 거다. 이때 청중 참여 스킬이나 유머 구사를 적극적으로 해보면, 청중의 반응을 미리 짐작할 수 있어 도움이 된다.

동료 리허설 이후 그들의 따뜻한 조언과 예리한 피드백을 받는 것이 중요한데, 가까운 사람일수록 허물없이 부족한 점을 잘 이야기해줄 것이다. 이를 적용해 수정, 보완하면 스피치의 완성도가 훨씬 높아진다. 미처 몰랐던 나의 모습과 생각지 못했던 점을 다른 사람의 관점에서 알게 되는 굉장히 소중한 경험이다.

사정상 동료 리허설이 어려울 때에는 셀프리허설 단계에서 반드시 비디오 녹화를 한 후, 영상을 꼼꼼히 살펴보라. 영상 속 낯선 자신의 모습을 보면 스스로 깨닫게 되는 점이 상당히 많다.

"어머, 내가 말을 할 때 눈을 너무 자주 깜빡이네?"
"내 표정이 저렇게 딱딱하게 굳어 있을 줄이야…."
"나도 모르게 문장을 시작할 때마다 '자~'라는 말을 하고 있잖아?"

자신의 모습을 영상으로 보면, 분명 손발이 마구 오그라드는 느낌을 받게 될 것이다. 그러나 이 경험을 무수히 반복해야 비로소 어느 순간 '이만하면 내가 봐도 괜찮네!' 수준까지 끌어올릴 수 있다. 주기적으로 녹화를 해서 발전 정도를 눈으로 확인하다보면 뿌듯함도 느끼게 될 것이다. 참고로 책 뒷부분에 나의 동영상 강의 원고가 있는데, 원고가 어떻게 실제 말하기로 탄생하는지 보여주기 위해 강의 영상을 직접 촬영했다. 촬영 전, 며칠 동안은 꼬박 혼자서 카메라 세워놓고 연습했다는 사실만 알아주길 바란다.

TIP

연습을 해도 가슴 떨리는 당신을 위한 특급 처방

자신만의 루틴을 만들어라!

자신만의 루틴을 만들라니, 대체 루틴이 무엇일까? 스포츠 심리학에서는 '최상의 운동능력을 발휘하기 위해 실행하는 자신만의 고유한 동작이나 절차'라고 정의한다. 루틴은 크게 2가지로 분류하는데, 긍정적이고 성공적인 모습으로 자기암시를 하면서 마음을 다스리는 인지적 루틴과, 자신만의 습관적이고 체계적인 동작을 하는 행동적 루틴이 있다. 앞서 언급한 상상리허설이 바로 인지적 루틴이었고, 지금 제시하는 것은 행동적 루틴인 셈이다.

예를 들어, 삼성 라이온즈의 박한이 선수는 투수가 1구를 던질 때마다 자신의 장갑에 붙어 있는 '찍찍이'를 떼었다 붙이고, 이어 자신의 헬멧을 벗었다가 다시 쓴다. 박태환 선수는 경기 전 헤드폰을 착용하고 음악을 듣는다. 이런 것들이 얼핏 보면 불필요한 동작처럼 보이지만 집중력을 높이기 위해 자신만의 루틴을 실천하는 것이다. 평소 아무리 연습을 많이 했더라도 실전에서는 긴장감 탓에 제 실력을 발휘하지 못하는 경우가 많다. 스포츠는 물론 스피치도 긴장감을 극복하기 위해 자신만의 루틴을 정립하는 것이 필요하다.

평정심을 찾을 수 있는 자신만의 루틴을 만드는 방법으로는, 이성적인 판단을 요하는 것보다는 감각적인 루틴을 찾는 것이 좋다. '무엇을 하면 기분이 좋아지겠군'이 아니라 '무엇을 하니 기분이 좋아졌어!' 하고 감각적으로 바로 느낄 수 있는 것이 좋다.

당신을 기분 좋게 혹은 편안하게 만드는 감각에는 어떤 것들이 있는지 생각해보라.

"푸르른 바다, 숲, 나무 등의 평화로운 사진을 보는 게 좋아요." (시각적 루틴)

"스파에 온 듯한 아로마 향을 맡으면 마음이 편해져요." (후각적 루틴)

"병아리의 보드라운 털처럼 극세사로 된 것을 만지면 기분이 좋아져요." (촉각적 루틴)

"빗소리를 듣고 있으면 편안하고 안정감이 느껴져요." (청각적 루틴)

이처럼 사람들마다 좋아하는 감각은 각기 다르다. 자신이 좋아하는 감각을 찾은 후엔 이를 연습 중에 반복적으로 사용해 루틴을 강화시켜야 한다. 그리고 실전에서 루틴을 적용해 연습 시의 안정적 심리상태를 유지할 수 있어야 한다.

실제로 이 방법을 제시한 후, 교육생들 중에는 자신만의 루틴을 발견해서 효과를 본 이들이 꽤 있다. 손가락 스트레칭을 하면 긴장이 덜 된다는 교육생은 늘 스피치 전마다 남모르게 손가락을 쫙쫙 펴면서 자신만의 루틴을 실천했다. 또 어떤 이는 가죽을 만질 때의 느낌이 너무 좋다며 가죽으로 된 자그마한 손가방을 스피치 전에 늘 만지작거리기도 했다. 나의 경우가 궁금한가? 나는 강의 전에 늘 화장실로 달려간다. 그러고는 거울 앞에 서서 눈에 힘을 주고 활짝 웃으며 내게 말한다.

“지은아, 오늘도 멋지게 열정적으로 해보자!”

그리고 자리에 돌아와 오프닝 멘트를 조용히 중얼중얼 연습한 후, 강의 전까지 호흡에 집중한다.

당신도 지금 당장 자신만의 루틴을 발견하고 실행하라!

다음 글은 오랜 시간의 노력과 연습에 대한 내용을 담고 있습니다. 내용을 곱씹으며 천천히 읽어봅시다.

'음악의 아버지' 바흐와 '음악의 어머니' 헨델은 온갖 어려움을 극복하고 서양음악의 시초로 우뚝 섰다.

어려서 부모를 잃은 바흐는 음악가인 큰형의 보살핌을 받으며 자랐다. 형에게 기초적인 음악을 배웠지만 형은 악보만큼은 결코 보여주지 않았다. 악보 없이 음악을 제대로 익힐 순 없었다. 바흐는 호시탐탐 형이 가지고 있는 유명한 작곡가들의 악보들을 노렸다. 밤이 되면 바흐는 형이 잠든 틈을 타 악보를 훔쳐냈다. 행여 형이 깰세라 불도 켜지 못했다. 대신 희미한 달빛에 의지해 악보를 베끼기 시작했다. 어둠 속에서 깨알 같은 악보를 베껴 적으려니 시력이 나빠졌지만 바흐는 개의치 않았다. 이러기를 6개월, 바흐는 드디어 모든 악보를 손에 넣었고 이를 너덜거리도록 익혔다.

헨델의 아버지는 아들을 법률가로 만들 작정이었다. 헨델의 음악적 재능을 알아보긴 했지만 아들이 배고픈 음악가의 길을 걷는 것은 원치 않았다. 아버지는 헨델이 음악을 하지 못하도록 갖은 방법을 동원했다. 심지어 음악을 가르친다는 이유로 학교에 보내기조차 꺼렸다. 그러나 헨델은 이미 음악에 매료되어 있었고 어떤 것도 그의 열정을 막을 수 없었다. 헨델은 몰래 악기를 구해다 밤이 되면 다락방으로 올라가 소리를 죽여 연습했다.

_이상훈 | 위즈덤하우스 | 《1만 시간의 법칙》에서

스피치 예문

행복의 공식

여러분, 행복에도 공식이 있다고 합니다. 그것은 바로 연습하면 할수록 커진다는 것인데요. 독일의 저명한 학술저널리스트 슈테판 클라인은 행복의 공식을 이렇게 설명했습니다. "인간은 선천적으로 행복을 느낄 준비가 돼 있다. 즐거운 곳이라면 어디든지 달려가라. 행복한 감정을 자주 겪어본 사람은 그렇지 않은 사람보다 더 자주, 더 빨리 행복을 찾을 수 있다"라고요.

가장 쉽게 행복을 연습할 수 있는 방법은 많이 웃는 것입니다. 우리가 행복감을 느낄 때 저절로 미소가 지어지고, 몸에서는 엔돌핀이 나오지요. 그렇다면 억지 미소와 억지 기쁨을 만들어낼 때에도 엔돌핀이 생성될까요? 네, 그렇습니다. 우리의 뇌는 영리하지 못해서 육체가 행복한 듯한 모습을 취하면 행복하다는 생각이 만들어지고, 그 결과로 엔돌핀이 생성된다고 합니다. 그 후로 저는 순간순간 느껴지는 작은 행복을 찾아서 감사하는 마음을 갖고, 힘든 상황에서도 웃으려고 노력합니다. 그러면 신기하게도 정말 행복한 마음이 생기는 것을 느낄 수 있습니다.

우리는 늘 행복해지기를 바라면서 행복을 위한 연습은 하지 않지요. 여러분, 행복해지고 싶다면 행복의 감정을 자꾸 연습해보세요. 더 빠르고 쉽게 행복을 찾으실 수 있습니다.

오늘의 트레이닝

● 앞두고 있는 발표가 있다면 원고를 꼼꼼하게 작성하고, 셀프 리허설을 반복합시다. 그 후, 주변의 가족이나 친구, 직장 동료 등 3명 앞에서 리허설을 하고 그들에게 받은 피드백을 적어봅시다. 이때 비디오 촬영을 한 후, 셀프 모니터한 내용과 동료들의 피드백을 비교해보는 것도 큰 의미가 있습니다.

동료 피드백

이름			
목소리			
내용 구성			
시각 언어			

셀프 모니터

목소리	
내용 구성	
시각 언어	

*전문적인 피드백을 원할 경우 W스피치커뮤니케이션 교육원을 방문해 스피치강사의 코칭을 받거나, 네이버 공식 카페 cafe.naver.com/wspeech2010의 '목소리 진단 및 코칭' 게시판을 활용해보세요.

TIP

스피치 완성을 위한 3분 스피치

다음은 스피치 완성 단계에서 배운 내용을 연습하기에 좋은 주제들이다. 하루에 1~2개 주제로 꾸준히 3분 스피치 연습을 해보자. 스피치 달인이 되는 날이 머지않았다!

1. 성공하는 사람들의 습관
2. 말 잘하는 사람들의 특징
3. 내가 생각하는 행복이란?
4. 신용의 중요성
5. 변화하는 삶
6. 좋은 첫인상을 위한 나만의 비법
7. 내 인생의 희로애락
8. 인생에서 가장 중요한 단어
9. 다른 사람들에게 힘을 줄 수 있는 메시지
10. 이 달 혹은 한 해를 마무리하는 소감

부록

명언을 활용한 Speech Self Training

주제에 맞는 적절한 명언 인용은 스피치를 매우 인상적으로 만든다. 구구절절 길게 늘어놓지 않아도 단 한 문장으로 깔끔하게 핵심메시지가 전달된다는 측면에서 강력한 힘을 갖는다. 명언을 활용한 다음 10가지 간단한 스피치 사례를 참고하여, 제시되는 주제별 명언과 영화, 드라마 속 명대사로 Speech Self Training을 해보자.

명언을 활용한 스피치 샘플

1

'자신감은 위대한 과업의 첫째 요건이다'라는 사무엘 존슨의 명언이 있습니다. 자신감을 키우는 가장 기본은 나를 사랑하는 것인데요. 언제나 나를 믿고, 사랑하고, 당당한 자신감을 가진다면 앞으로의 인생은 더욱 빛날 겁니다.

2

'성공의 8할은 출석이다.' 우디 앨런이 남긴 말입니다. 성공을 위해서는 꾸준함이 있어야 한다는 뜻인데요. 시작은 쉬우나 처음의 그 열정을 꾸준히 유지하는 것은 매우 어렵습니다. 어떤 일을 시작하든 꾸준한 노력과 인내가 중요합니다.

3

폴 틸리히의 명언 중에 '사랑의 첫 번째 의무는 상대방에게 귀 기울이는 것이다'라는 말이 있습니다. 진정 상대방을 위하고 아끼는 마음이 있다면, 우선 상대방의 이야기에 더 가까이 귀를 기울여보세요. 말이 아닌 마음이 오고가는 것이 느껴지실 겁니다. 오늘도 서로 존중하는 마음으로 사랑의 훈훈한 대화를 나누어보십시오.

4

'겨울이 오면 봄이 멀지 않으리'라는 셸리의 명언이 있습니다. 요즘 경기불황에 너도나도 힘들다고 아우성입니다. 하지만 지금의 힘든 위기도 잘 견디며 노력한다면, 우리네 인생에도 봄날이 곧 찾아온다고 저는 믿습니다. 오늘도 따스한 봄을 기다리는 마음으로, 미래의 희망을 가득 안고 한걸음 더 나아가시길 바랍니다.

5

찰리 채플린은 인터뷰 중에 이런 말을 했습니다. "사람들은 제가 천부적인 재능을 타고났다고 생각합니다. 그런데 그분들은 모르는 것이 하나 있습니다. 저는 한 번의 웃음을 만들기 위해 최소한 100번을 연습한다는 사실입니다." 재능을 이기는 것이 있다면, 그것은 연습밖엔 없다고 생각합니다. 스피치를 잘하고 싶으십니까? 그렇다면 당장 연습하십시오!

6

'절실한 소망은 돈지갑을 뚫는다.' 세르반테스의《돈키호테》에 나오는 말인데요. 서양 사람들의 지갑은 한국 사람들의 전대에 비하면 견고하기가 철갑과도 같다고 합니다. 재질이 철갑이라는 말이 아니라 그만큼 열기가 힘들다는 말이겠죠. 그런데 세르반테스는 소망이 그것을 뚫는다고 단언했습니다. 여러분, 소망의 위력은 그만큼 강력합니다.

7

주변에 보면 늘 꿈만 꾸는 사람이 있습니다. 그 사람은 1년 후에도, 10년 후에도 변함없이 그 자리일 겁니다. 꿈만 꾸는 사람이 아니라, 누군가의 꿈이 되고 싶지 않으십니까? 그레그 S. 레이드는 자신의 저서《10년 후》에서 이렇게 표현하고 있습니다. '꿈을 날짜와 함께 적어 놓으면 그것은 목표가 되고, 목표를 잘게 나누면 그것은 계획이 되며, 그 계획을 실행에 옮기면 꿈은 실현되는 것이다.' 여러분, 원대한 목표와 치밀한 계획을 세우고, 지금 당장 실천하십시오!

8

여러분, 배는 항구에 있을 때 안전한가요, 항해를 할 때 안전한가요? 네, 배는 항구에 있을 때 안전합니다. 그러나 배는 왜 만들어졌을까요? 항해를 하기 위해 만들어졌습니다. '항구에 정박해 있는 배는 안전하다. 그렇지만 배는 항구에 묶어두라고만 있는 것이 아니다.' 제가 단조로운 생활을 하고 있을 때 어느 책에서 본 문구인데요. 저는 그때 큰 깨달음을 얻었습니다. 그 후로 저는 늘 안정을 추구하던 재미없는 일상에 어떻게 하면 새로운 도전으로 활기를 띄게 할 수 있을까를 고민하기 시작했습니다.

9

'끝날 때까지 끝난 게 아니다.' 미국 메이저리그 뉴욕 양키스의 전설적인 포수 요기 베라가 한 말입니다. 야구는 9회 말 투 아웃부터라는 말이 있지요. 9회 말에 투 아웃을 당해도 게임은 아직 끝나지 않은 상태입니다. 패색이 짙어도 포기하지 않으면 역전시킬 수 있습니다. 그렇기 때문에 어떤 상황에 있든지 가슴에 간직한 꿈을 포기하면 안 됩니다. 닉슨 전 미국 대통령도 비슷한 말을 남겼습니다. '인간은 패배했을 때 끝나는 것이 아니라 포기했을 때 끝나는 것이다'라고요.

10

여유롭기만 한 생활을 동경하는 이들을 주변에서 종종 봅니다. 은퇴 후엔 한가롭게 낚시나 하며 살고 싶다고 합니다. 그러면 저는 의문을 가져봅니다. 과연 우리가 바쁘지 않고 시간이 많으면 지금보다 더 행복할까? 바쁜 와중에 짬짬이 취하는 휴식과 여유로움이 얼마나 꿀맛 같은지 그들은 모르는 게 아닐까 싶습니다. 마가렛 대처는 이런 말을 했습니다. '가장 만족스러웠던 날을 생각해보라. 그날은 아무것도 하지 않고 편히 쉬기만 한 날이 아니라, 할 일이 태산이었는데도 결국은 그것을 모두 해낸 날이다'라고요.

주제별 좋은 명언

인생

• 인생은 흘러가는 것이 아니라 채워지는 것이다. 우리는 하루하루를 보내는 것이 아니라 내가 가진 무엇으로 채워가는 것이다. _존 러스킨

• 인생에 실패라는 것은 없다.
실패는 우리를 또 다른 방향으로 이끄는 삶일 뿐이다. _오프라 윈프리

• 인생은 가까이서 보면 비극이지만, 멀리서 보면 희극이다. _찰리 채플린

• 영원히 살 것처럼 꿈꾸고, 오늘 죽을 것처럼 살아라. _제임스 딘

성공

• 인생에서 실패한 사람 중 다수는 성공을 목전에 두고도
이를 모른 채 포기한 이들이다. _토머스 에디슨

• 완벽함이 아니라 탁월함을 위해서 애써라. _잭슨 브라운 주니어

• 겨울이 없다면 봄은 그리 즐겁지 않을 것이다.
고난을 맛보지 않으면 성공이 반갑지 않을 것이다. _앤 브래드 스트리트

• 성공한 사람은 더욱 더 성공하는 경향이 있다.
항상 성공을 생각하기 때문이다. _브라이언 트레이시

노력

• 내가 정복한 것은 산이 아니라 나 자신이다.
하기 싫은 일을 반복함으로써 나를 정복할 수 있었다. _힐러리 경

• 신은 우리가 성공할 것을 요구하지 않는다.
우리가 노력할 것을 요구할 뿐이다. _마더 테레사

• 할 수 있는 일이라면 기꺼이 하고,
견뎌야 하는 일이라면 기꺼이 견뎌내라. _쇼펜 하우어

• 천재는 다만 몰입함으로써 자신에게 숨어 있는 재능을 인지하는
보통 사람일 뿐이다. _앤더스 에릭슨

• 지치면 지는 겁니다. 미치면 이기는 겁니다.
삼독, 즉 지독'하게 중독'되어 고독'한 길을 가다보면
생각지도 않은 기회가 오게 됩니다. _싸이

도전

• 인생에서 원하는 것을 얻기 위한 첫 번째 단계는
내가 무엇을 원하는지 결정하는 것이다. _벤 스타인

• 나는 젊었을 때 10번 시도하면 9번 실패했다.
그래서 10번씩 시도했다. _조지 버나드 쇼

• 위대한 업적은 대개 커다란 위험을 감수한 결과이다. _헤로도토스

• 만약 당신이 한 번도 두렵거나 굴욕적이거나 상처 입은 적이 없다면,
당신은 아무런 위험도 감수하지 않은 것이다. _줄리아 소렐

꿈 & 희망

• 모든 것은 꿈에서 시작된다. 꿈 없이 가능한 일은 없다. 먼저 꿈을 가져라. 오랫동안 꿈을 그리는 사람은 마침내 그 꿈을 닮아간다. _앙드레 말로

• 꿈은 불만족에서 나오며 만족한 인간은 꿈을 꾸지 않는다. _몽테를랑

• 사람들이 꿈을 이루지 못하는 이유는 그들의 생각을 바꾸지 않고 결과를 바꾸고 싶어 하기 때문이다. _존 쿳시

• 희망은 볼 수 없는 것을 보고, 만져질 수 없는 것을 느끼고, 불가능한 것을 이룬다. _헬렌 켈러

• 희망은 결코 당신을 버리지 않는다. 희망을 버리는 건 바로 당신이다. _조지 와인버그

시간

• 가장 어리석고 못난 변명은 '시간이 없어서'다. _토머스 에디슨

• 가장 바쁜 사람이 가장 많은 시간을 갖는다. _알렉산드리아 피네

• 시간 낭비는 인생 최대의 실수다. _빌게이츠

• 이른 아침은 입에 황금을 물고 있다. _벤자민 프랭클린

• 낭비한 시간에 대한 후회는 더 큰 시간 낭비다. _메이슨 쿨리

관계

• 돈을 남기면 하수, 업적을 남기면 중수, 사람을 남기면 고수다._고토 신페이

• 남을 돕는다는 것은 우산을 들어주는 것이 아니라, 함께 비를 맞는 것이다._신영복

• 나를 도와주는 사람의 숫자는 내가 도와준 사람의 숫자와 같다._나카타니 아키히로

• 가장 가까이 있는 사람들부터 행복하게 해주세요.
그러면 멀리 있던 사람들도 당신을 찾아올 겁니다._파울로 코엘료

• 불친절한 사람에게 친절해라.
그 사람들은 친절을 가장 필요로 한다._애슐레이 브릴리언트

리더십

• 배를 만들고 싶다면 사람을 불러 모아
목재를 마련하고 일감을 나눠주고 업무를 지시할 것이 아니라,
그들에게 넓고 끝없는 바다에 대한 동경을 일깨워주라._생텍쥐페리

• 가장 훌륭한 리더란, 자신이 바라는 일을 맡길 적임자를 고르는 감각이 있으며, 그들이 그 일을 하는 동안 간섭하지 않을 수 있는 자제력이 있는 사람이다._루스벨트

• 진정한 리더십이란 사람들로 하여금 자신의 능력 이상을 보여주고
각자 내면의 용기를 발견해 더 많은 것을 성취할 수 있도록 돕는 것이다._잭 웰치

• 리더십은 사람에 관한 것이지 조직에 관한 것도, 계획에 관한 것도,
전략에 관한 것도 아니다. 즉, 사람들로 하여금 그 일을 하게 하는 동기부여다.
사람 중심이 되어야 한다._콜린 파월

● 영화, 드라마 속 명대사

자신을 믿지 않으면 우리에게 미래란 없어. 영화 〈록키〉에서

웃어라, 온 세상이 너와 함께 웃을 것이다. 울어라, 너 혼자만 울게 될 것이다.

영화 〈올드보이〉에서

선택의 순간들을 모아 두면 그게 삶이고, 인생이 되는 거예요. 매순간 어떤 선택을 하느냐, 그것이 바로 삶의 질을 결정짓는 것 아니겠어요?

드라마 〈미생〉에서

일찍 해가 뜨면 그만큼 빨리 지는 거고, 빨리 잘 된다고 그 인생이 끝까지 좋으란 법도 없다. 더디 되는 건 다 그만 한 이유가 있는 거다.

드라마 〈가족끼리 왜이래〉에서

월척을 낚을 때 가장 필요한 게 뭘까? 낚시 장비? 기술? 아니야, 인내심이야.

드라마 〈하얀 거탑〉에서

살아가면서 너무 늦거나 너무 이른 건 없다. 꿈을 이루는 데 시간제한은 없단다.

영화 〈벤자민 버튼의 시간은 거꾸로 간다〉에서

산다는 건 어떻게든 후회가 남는 거라고 생각해. 그래서 모든 선택을 할 때 나는 덜 후회할 일을 선택하지. 드라마 〈연애시대〉에서

이해할 수 없기 때문에 우린 더 얘기할 수 있고,
이해할 수 없기 때문에 우린 지금 몸 안의 온 감각을 곤두세워야 한다.
이해하기 때문에 사랑하는 건 아니구나. 또 하나 배워간다.

드라마 〈그들이 사는 세상〉에서

잘하는 것을 칭찬하지 말고 잘하고 싶어 하는 것을 칭찬하라. 마이클 조던한테 농구 잘한다고 얘기하는 것보다 야구 잘한다고 얘기할 때 훨씬 더 좋아할걸?

영화 〈시라노 연애조작단〉에서

남들이 보기에는 먼지만 한 가시 같아도 그게 내 상처일 때는 우주보다도 아픈 거예요. 영화 〈우리들의 행복한 시간〉에서

연애하고 마라톤의 공통점은? 선수가 많다. 심장이 터질 것 같다. 때론 외롭다. 용기가 없으면 시작도 할 수 없다. 내 자신을 사랑하게 된다. 한눈팔면 망한다. 상처 입을 수 있다. 드라마 〈프라하의 연인〉에서

사랑이란 게 처음부터 풍덩 빠져버리는 건 줄만 알았지, 이렇게 서서히 물들어가는 건 줄은 몰랐어. 영화 〈미술관 옆 동물원〉에서

나는 당신을 사랑하기 때문에 사랑하는 것이 아니라, 사랑할 수밖에 없기 때문에 사랑하는 것입니다. 영화 〈번지점프를 하다〉에서

나도 당신을 사랑해요. 하지만 난 나를 더 사랑해요.

드라마 〈섹스앤더시티〉에서

인생은 누구나 비슷한 길을 걸어간다. 결국은 늙어서 지난날을 추억하는 것일 뿐이다. 결혼은 따뜻한 사람하고 하거라. 영화 〈어바웃 타임〉에서

난 이래서 음악이 좋아. 지극히 따분한 일상의 순간까지도 의미를 갖게 되잖아. 이런 평범함도 어느 순간 진주처럼 아름답게 빛나거든. 그게 바로 음악이야.

영화 〈비긴어게인〉에서

"나이가 들면 사는 게 좀 더 편해질까요?"
"그렇진 않아. 다만 주변 상황에 자신이 좀 덜 흔들리게 되지."

영화 〈사랑도 통역이 되나요?〉에서

● 나만의 명언집

지금까지 읽은 다양한 스피치 사례 속에서 멋진 인용구를 많이 발견했을 것이다. 그중에서 꼭 활용해보고 싶은 명언은 따로 정리해 확실하게 외워야만 필요할 때 사용할 수 있다. 내 마음 속에 콕 박힌 인상적인 문구 모음, '나만의 명언집'을 작성해서 이번 기회에 진짜 내 것으로 만들어보자. 스피치의 수준과 질이 한층 향상될 것이다.

Speech Self Training 완성하기

지금까지 익힌 스피치 시크릿 21을 적절히 활용하여, 제시되는 주제에 따라 자신만의 멋진 스피치를 완성해보자. 방법은 다음과 같다.

1. 주제에 따라 간단한 스피치 개요를 작성한 후, 이를 바탕으로 스피치를 해본다.
2. 다음에 수록되어 있는 스피치 샘플을 소리 내어 읽으며 구성, 내용, 표현 등을 참고한다.

3. 자신의 스피치 개요에서 수정할 부분이 있다면 수정 후, 다시 스피치 한다. 이때 자신의 모습을 녹화하는 것이 최상의 방법! 그것이 어렵다면 녹음이라도 반드시 한다.
4. 스피치 평가표(p.326)에 따라 모니터를 하고, 스스로 점수를 매겨본다.
5. 부족한 점을 보완하여, 마지막으로 완성된 스피치를 한다.

TIP **매 회 자신의 모습을 영상으로 저장해놓고, 발전 정도를 확인하며 뿌듯함을 느껴보자.**

내 인생을 바꾼 한마디

개요 작성하기

Opening	
Storytelling	
closing	

Sample 여러분의 어릴 적 꿈은 무엇이었습니까? 선생님? 대통령? 요즘 아이들이 가장 이루고 싶은 꿈은 연예인, 축구선수, 의사, 검사 등이라고 합니다. 이처럼 우리는 보통 '꿈' 하면 직업을 많이 떠올리는데요. 대학생이 되고, 졸업한 후에도 '어떤 직업을 가질 것인가' '어떤 회사에 들어갈 것인가'가 가장 큰 관심사죠. 저 역시 무엇을 할 것인지를 끊임없이 고민하던 학생이었습니다.

그런데 어느 날 저의 진로에 대해 대학 교수님과 상담을 하던 중에 교수님께서 이런 말씀을 하셨어요. "왜 계속 무엇이 되려고 하느냐. 무엇이 되려고 하지 말고 어떻게 살지 고민해라." '꿈=직업'이라는 틀이 깨지는 순간이었습니다. 주변을 보면 꿈조차 없이 하루하루 살아가는 사람들이 많습니다. 무엇이 되려고 고민하는 우리들은 직업을 찾게 되면 마치 꿈을 다 이룬 것처럼 살아가죠. 하지만 어떻게 살지를 고민하라는 이 한마디는 저에게 삶을 더 큰 관점으로 바라보게 해주고, 다양한 삶을 선택할 수 있게 해준 계기가 되었습니다.

누군가 제게 꿈이 무엇이냐 묻는다면 저는 사랑하는 가족과 행복하게 살아가며, 새로운 일에 끊임없이 도전하며 사는 것이라고 말할 것입니다. 여러분의 꿈은 무엇입니까? 혹시 꿈이 없다면, 사고의 전환을 통해 앞으로 어떤 삶을 살지 꿈꿔보시는 건 어떨까요?

인상 깊게 읽은 책

개요 작성하기

Opening	
Storytelling	
closing	

Sample 하루에 3시간씩 10년을 모으면 얼마만큼의 시간이 모일까요? 자그마치 1만 시간입니다. 최근《1만 시간의 법칙》이라는 책을 감명 깊게 읽었습니다. 이 책은 매너리즘에 빠진 요즘의 제게 삶의 의욕을 심어주었습니다.

책에서 소개하는 1만 시간의 법칙은 하루에 3시간씩 한 분야에 투자했을 때 10년이란 긴 시간이 쌓여 대단히 큰 성과를 만들 수 있다는 것입니다. 책에서는 수많은 히트곡을 만들어낸 '비틀즈'를 예로 들어 설명하고 있는데요. 비틀즈도 처음부터 유명했던 것이 아닙니다. 무명 시절 독일의 한 시골 마을에서 10년 정도 언더그라운드 활동을 열심히 한 결과, 점차 역량이 갖춰지고 재능이 폭발한 것이라고 해요. 이후 'Let it be'와 같은 명곡을 탄생시키고 대중의 사랑을 받게 된 것이죠.

저는 회사에 입사하는 후배들한테 이런 조언을 해줍니다. "회사 생활을 하다보면 일이 힘들고 과연 비전이 있는 것인지 의문이 들 때가 있는데, 자기가 하고 있는 분야에서 빛을 내기 위해서는 10년 정도 포기하지 말고 열심히 해야 한다. 그럴 때 반드시 성과가 있을 것이다." 이런 조언은 저 스스로에게 하는 것이기도 합니다. 여러분도 지금 하고 있는 일에서 최고가 되고 싶다면, 1만 시간을 꼭 채워보시기 바랍니다.

시간 관리의 중요성

개요 작성하기

opening	
Storytelling	
closing	

Sample 여러분, '카르페 디엠'이라는 말 들어보셨죠? '이 순간에 충실하라'라는 말입니다. 고대 로마 시인 호라티우스는 말을 하고 있는 동안에도 시간은 우리를 시샘해 말없이 흘러가버린다며 카르페 디엠을 외쳤습니다. 이처럼 현재 우리에게 주어진 시간은 너무나도 소중한데요. 사실 그보다 더 중요한 것이 있습니다. 바로 현재 주어진 시간을 '잘 관리'하는 것입니다.

어떤 고시 합격자는 인터뷰에서 합격 비결을 이렇게 말했습니다. "시간이 없다는 것이 시험공부에 도움을 주었습니다. 시간이 없다고 생각되었기에 필사적으로 1초도 아끼며 공부한 결과 합격할 수 있었습니다. 시간을 내 것으로 만들었던 것입니다." 여기서 중요한 사실을 하나 발견할 수 있는데요. 한가한 시간, 일할 수 있는 시간이 얼마나 있느냐가 중요한 것이 아니라 한정된 시간을 어떻게 효과적으로 활용하느냐가 중요하다는 것입니다.

저 역시 사회생활을 시작하면서 '시간관리'의 중요성을 뼈저리게 느끼게 되었습니다. 신입일 때는 업무진행 속도가 더뎌 남들보다 두세 배 시간을 쏟아 업무에 집중하다보니 자기계발을 할 시간이 없었고, 늘 수면부족에 시달렸습니다. 이후 중간관리자가 되었을 때는 업무상 거래처 직원과의 술자리가 많았고 해외지사 파트 업무로 인해 출장이 잦았습니다. 그러다보니 저는 항상 '시간이 없어서'라는 변명을 달고 살았습니다. 하지만 중요한 것은 시간이 있고 없고가 아니라 시간을 어떻게 활용하느냐라는 것을 깨달은 후부터는, 바쁜 시간을 쪼개 책도 읽고 가족과 시간을 더 보내려고 노력하고 있습니다.

벤자민 프랭클린은 '인생의 승리자와 낙오자를 가르는 것은 평소 주어진 시간을 어떻게 사용하는가다'라고 말했습니다. 여러분도 시간이 나기를 기다리는 것이 아니라 시간을 잘 활용하며 살아가시기를 바랍니다.

일상에서 얻은 깨달음

개요 작성하기

Opening	
Storytelling	
closing	

Sample 여러분, 혹시 눈을 감고 달려본 적이 있으세요? 상상만 해도 두렵고 힘들겠다는 생각이 드시죠? 저는 얼마 전 시각장애인들과 마라톤을 하면서 그분들이 운동을 할 수 있도록 돕는 봉사활동에 참가한 적이 있습니다. 처음 마라톤을 하기 전에는 앞이 보이지 않는 시각장애인들과 함께하는 것이 힘들지 않을까 하는 걱정과 편견으로 가득 차 있었습니다.

그런데 42.195킬로미터의 긴 완주를 함께 하면서 제 편견은 깨졌습니다. 파트너의

손목에 줄을 연결한 채 함께 달리면서 코스가 아닌 곳으로 가지 않도록 옆에서 가이드를 했는데요. 저도 운동을 즐겨 하는 편인데 함께 달리는 40대 시각장애인 아주머니는, 세상에! 저보다 체력이 더 좋으시고 잘 달리시는 겁니다. 그래서 그분의 페이스에 맞추느라 오히려 제가 더 힘들었습니다. 눈을 감으면 한 곳에 집중할 수 있는 정신력이 더 커진다고 합니다. 우리가 단전호흡이나 명상을 할 때도 눈을 지그시 감고 집중하는 것처럼 말입니다. 그때 참가한 많은 시각장애인들은 특유의 집중력을 발휘해서 장애가 없는 사람들보다 훨씬 잘 달렸습니다.

저는 이번 경험을 통해서 제가 은연 중 갖고 있던 편견을 버리게 되었습니다. 그리고 몸이 불편한데도 불구하고 열심히 살아가는 시각장애인들과 함께하면서, 그동안 힘들고 지칠 때마다 나약한 모습을 보였던 제 자신이 부끄러웠습니다. 저는 이번 마라톤를 계기로, 매사 주어진 것에 감사하고 불가능에 도전하며 열심히 살아야겠다고 다짐했습니다.

인간관계를 잘하기 위한 비법

개요 작성하기

Opening	
Storytelling	
Closing	

Sample 직장인들이 다니던 회사를 그만두는 가장 큰 이유가 바로 '인간관계'라고

합니다. 일이 힘든 건 참을 수 있지만, 사람 때문에 힘든 것은 정말 괴롭죠. 많은 사람들이 좋은 인간관계를 맺기 위해 관계를 잘 맺는 법에 대한 책도 읽고 여러 모임에도 참여하곤 합니다. 저는 오늘 여러분이 꼭 기억하면 좋은 인간관계 맺는 비법 3단계를 말씀드리려고 합니다.

학문을 갈고 닦아 자격을 얻는 단계는 학사-석사-박사의 과정이 있죠? 이와 비슷하게 좋은 인간관계를 맺는 3단계는 바로 '밥사-술사-감사'입니다.

1단계, '밥 사'는 아끼는 사람에게 기꺼이 밥 한 끼를 대접할 수 있는 따뜻한 마음을 가진 사람이 되는 것입니다. 사람은 함께 밥을 먹을 때 가장 친해지죠. "조만간 밥 한번 먹자!" 말만 하지 마시고 먼저 밥을 사보십시오. 그다음은 무엇일까요? 2단계 '술 사'입니다. 같이 술 한잔하면서 고민을 나누고 소통하는 사람이 되는 것입니다. 마음을 열어 나의 말을 들어주고 진심으로 고민해주는 사람만큼 좋은 친구는 없을 것입니다. 마지막으로 3단계는 '감사'입니다. 늘 불평불만 없이 긍정적인 마인드로 주변 사람들에게 감사하면서 살아가는 사람이 가장 높은 단계에 있는 사람입니다. 주변 사람들에게 당신의 존재가 나에게 참 감사하다고 전해보세요. 아마 그 사람은 여러분의 따뜻한 마음을 절대 잊지 않을 겁니다.

사람들과 좋은 관계를 맺는 것은 어렵지 않습니다. 상대방이 변하지 않는다고 불평만 할 것이 아니라 여러분이 먼저 변해보십시오. 밥을 먼저 사고, 고민을 함께 들어주며 술도 한잔해보세요. 그리고 항상 상대방에게 감사함을 표현해보십시오. 그러면 여러분 주변에는 좋은 사람들로 넘쳐날 것입니다.

● 스피치 셀프 평가표

평가요소	착안내용	체크란
목소리	복식호흡을 하며 안정된 소리를 내고 있는가?	
	공명 발성을 활용해 힘 있고 부드러운 소리로 말하는가?	
	정확한 표준 발음으로 또렷하게 말하는가?	
	안정된 속도와 둥근 억양으로 전달력 있게 말하는가?	
	강조법과 포즈를 활용해 리듬감 있게 말하는가?	
	목소리에 감정을 담아 생생하게 말하는가?	
내용구성 및 표현	Logic 구성으로 말하는가(OSC, OPREMP, PREP)?	
	핵심메시지를 확실하게 전달하고 있는가?	
	인상적인 오프닝과 클로징 기법을 구사하는가?	
	ECN 법칙과 스토리텔링으로 내용을 잘 뒷받침하는가?	
	핵심을 반복하며 내용을 강조하는가?	
	구체적이고 오감을 자극하는 표현으로 말하는가?	
시각언어	올바른 자세로 말하는가?	
	시선은 청중에게 고루 분산되고 있는가?	
	내용에 맞는 다양한 표정을 짓고 있는가?	
	제스처를 자연스럽고 의미 있게 사용하는가?	
	무대 동선을 적절히 활용하는가?	
총평		

3분 스피치 주제 모음

다음은 3분 스피치를 연습하기에 좋은 주제들이다. 앞의 모든 훈련이 끝난 후에는 3분 스피치를 하루에 하나씩이라도 지속적으로 연습하는 것이 좋다. 연습을 시행한 날짜와 훈련 여부를 체크하면서 스스로 동기부여를 해보자.

날짜	직장인들을 위한 스피치 주제 10	훈련 여부
	1. 전문가로 거듭나기 위한 나만의 노력	
	2. 지금 하고 있는 일을 좋아하는 이유	
	3. 직장 내 인기 있는 직원의 비결	
	4. 팀원들과 소통하는 나만의 노하우	
	5. 직장 상사에게 인정, 사랑받는 노하우	
	6. 여가시간에 주로 하는 활동이나 취미	
	7. 내가 몸담은 회사나 팀 자랑	
	8. 만약 내가 우리 회사 CEO라면?	
	9. 올해 우리 팀에게 바라는 몇 가지	
	10. 힘들어하는 후배에게 힘이 되는 응원 메시지	

날짜	취업 준비생들을 위한 스피치 주제 10	훈련 여부
	1. 나를 꼭 뽑아야 하는 이유 3가지	
	2. 내 인생의 중요한 키워드 3가지	
	3. 학창시절 가장 열정을 쏟은 일	
	4. 주변 사람들이 생각하는 나	
	5. 직무를 지원하기 위해 해온 나만의 노력	
	6. 직무와 관련된 나만의 아이디어	
	7. 새로운 분야에 도전해 성취를 이룬 경험	
	8. 요즘 가장 관심을 갖고 있는 이슈	
	9. 앞으로 10년 후 나의 모습	
	10. 면접관에게 마지막으로 하고 싶은 한마디	

동영상 강의 원고
(바디랭귀지)

다음은 바디랭귀지에 관한 나의 짧은 동영상 강의를 그대로 받아 적은 내용이다. 실제 동영상 강의를 촬영할 때, 원고를 미리 작성하고 셀프 리허설을 무수히 반복했다. 하단 큐알코드를 통해 다양한 강의 영상을 보면서 스피치 연습을 하면 큰 도움이 될 것이다.

Opening

안녕하세요? 스피치전문가 우지은입니다.

프레젠테이션이나 강연 코칭 등을 하다보면, 많은 분들이 이런 말씀을 하세요.

"저도 TED에 나오는 강연자들처럼 자연스럽고 멋지게 스피치를 하고 싶어요." 혹은 "고 스티브잡스처럼 여유 있으면서도 역동적인 모습을 연출하고 싶어요"라고요.

자, 이렇게 자신감 있고, 여유 있고, 역동적인 모습으로 청중에게 보이는 데는, 바로 시각적인 요소가 가장 크게 작용을 합니다. 그런데요, 실제 발표 시연을 해보면, 제대로 인사법을 모르는 사람, 또 손을 어디다 두어야 할지 모르는 사람들이 상당히 많습니다.

그래서 오늘은 여러분이 궁금해 하실 인사법부터 손의 기본자세, 제스처를 활용하는 방법, 역동적으로 무대에서 이동하는 방법 등에 대해서 자세히 알려드리겠습니다.

HOW 1

기본자세와 인사법

먼저, 기본자세와 인사법에 대해서 알아보겠습니다.

여러분, 발표자가 무대에 오르는 순간부터 스피치가 시작되었다고 생각하십시오. 무대로 올라가는 그때의 자세와 걸음걸이에서부터 여러분의 이미지가 형성이 됩니다. 자, 무대 중앙에 서서요. 바로 이름을 말하고 인사를 하는 것이 아니라 우선은 좀 여유 있게 미소 띤 얼굴로 청중과의 눈 맞춤을 시도하세요. 그다음에 인사말을 하시는 겁니다. "안녕하세요? 우지은입니다." 이렇게 인사말을 마친 다음에 등과 허리가 일직선이 된 상태에서 허리를 굽히면서 이렇게 정중하게 인사를 하십시오.

인사를 할 때, 발의 모양은 어떨까요? 발뒤꿈치는 이렇게 붙인 상태가 될 텐데요. 인사말을 하고 나서 스피치를 할 때도 계속해서 발뒤꿈치를 붙이고 있다면 자세가 불안정해서 흔들리게 됩니다. 인사말을 하고 일어나는 순간에, 그때 한쪽 다리는 골반 너비 정도로 벌려서 안정된 자세를 취하고, 양 발에 고르게 체중을 실어주세요.

자, 그리고 발표를 하면서 이 두 손을 어디다 두어야 할지 좀 막막하시죠? 제가 확실한 방법을 알려드리겠습니다.

양 손끝을 이렇게 맞대거나 혹은 손을 살짝 구부린 채 두 손을 포개어서 위치는 배꼽과 명치 중간 정도에다가 가볍게 둡니다. 몸에 바짝 붙이지 마시고요, 편안하게 여유를 느낄 수 있는 그런 자연스러운 상태면 가장 좋습니다. 제스처를 취하다가 제스처를 취하지 않을 때 돌아와야 하는 기본자세는 바로 이 자세라는 것, 여러분, 꼭 기억하시기 바랍니다.

HOW 2

제스처 사용 방법

두 번째로 제스처의 사용 방법에 대해서 말씀드리겠습니다. 같은 내용이더라도 제스처를 사용하면 훨씬 더 그 의미가 강화되고 전달 효과가 더욱 높아지면서 보다 열정적인 발표자의 이미지를 청중에게 전할 수가 있습니다. 우선 제스처가 만들어지는 범위에 대해서 말씀을 드릴게요. 팔을 이렇게 들어보세요. 든 상태에서 반원을 그려보십시오. 바로 이 안에서 만들어지는 것이 가장 보기에 좋습니다.

첫째, 둘째, 셋째를 이야기할 때도 바로 이 범위 안에서 만들어지는 게 훨씬 더 안정적으로 보이죠? 그리고 제스처는 작고 소극적으로, 또 팔을 흐느적거리면서 하는 것이 아니라 크고 확실하게, 또 절도 있게 하는 것이 중요합니다.

"자, 이쪽을 보십시오." (동작을 작고 빠르게) 이렇게 하시지 마시고요.

"자, 이쪽을 보십시오." 크게, 또 잠시 멈추어서 절도 있게 만들어주세요.

"우리 회사의 매출액이 점점 증가하고 있습니다." (손가락을 편 채 팔을 흐느적거리며) 이게 아니라

"우리 회사의 매출액이 점점 증가하고 있습니다." (손가락을 붙인 채 절도 있는 동작으로) 이렇게 표현하는 것이 보다 세련된 발표자의 이미지를 만들 수가 있습니다.

HOW 3

무대 동선 활용법

마지막으로 무대 동선을 활용하는 방법에 대해서 알려드리겠습니다. 긴장이 되면 손 한 번 움직이는 것도 어려운데, 무대에서 움직이는 건 상상도 못하시겠다고요? 네, 맞습니다. 그래서 대부분의 사람들이 무대에서 꼼짝도 안 하고 차렷 자세로 경직된 스피치를 하는 경우가 많습니다. 하지만 무대에서 이동을 한다는 것은 그만큼 무대 공간을 내가 장악하고 있다는 뜻이기도 합니다. 제가 방법을 알려드릴게요

우선 무대에서 가로 이동을 가장 많이 하는데요. 여기서 중요한 점은 이유 없이 움직이지는 말라는 겁니다. 반드시 목적이 필요해요. 예를 들어서, 서론

에서 본론으로 넘어갈 때, 또 본론에서 결론으로 넘어갈 때 혹은 본론 안에서도 소주제가 바뀔 때 움직이면 좋습니다. 시각적으로도 청중은 발표자가 움직이는 모습을 보고 '아! 내용이 전환되고 있구나' '분위기가 환기되고 있구나!'라는 것을 자연스럽게 느낄 수가 있습니다. 지금 말씀드린 것은 가로축 이동이고요. 또 세로축 이동이 있습니다. 청중에게 무언가 중요한 내용을 강조하고자 할 때 청중에게 다가갈 수가 있습니다. 발표자가 가까이 다가오면 청중은 갑자기 긴장을 하면서 집중을 하게 되죠. 그렇게 다가가서 이야기를 하고 다시 제자리로 돌아오는 겁니다. 자, 별로 어렵지 않죠? 내용이 전환될 때는 가로축으로 이동을, 그리고 내용을 강조하고자 할 때는 세로축 이동을 하십시오.

Closing

네, 이렇게 해서 스피치를 할 때의 기본자세와 인사법, 제스처 활용 방법, 무대 동선 이용 방법까지 자세히 알아봤습니다. 작은 차이가 명품을 만든다고 하지요. 명품 스피치는 이렇게 손과 팔의 사소한 움직임까지도 하나하나 신경을 쓰면서 다듬어나갈 때 비로소 완성이 됩니다. 여러분, 반드시 거울 앞에서 자신의 모습을 보면서 몸동작을 익히시고요. 이렇게 익혀진 세련된 몸동작을 바탕으로 여러 사람들 앞에서 여러분만의 품격이 느껴지는 명품 스피치를 하시길 바랍니다. 고맙습니다.

변화는 이미 시작되었다

책장에 꽂혀 있는 무수히 많은 책이 모두 같은 의미를 지니지는 않는다. '읽어야지…' 하면서 아직 펼쳐보지 못한 책도 있고, 반쯤 읽다 흥미를 잃어 다시 접은 책도 있고, 한 번 읽고는 아예 존재조차 잊어버린 책도 있다. 반면, 내 인생을 송두리째 바꿀 정도의 영감을 주는 귀한 책도 있다. 좋은 문구는 형광펜으로 밑줄 치고, 별표 크게 해서, SNS 친구들과 나누지 않고는 못 배기게 만드는, 사랑을 독차지하는 책 말이다.

수줍게 고백하자면, 이 책은 사랑받고 싶다. 하지만 애지중지 깨끗하게 보지는 않았으면 한다. 다소 지저분해질지언정 당신 노력의 흔적이 페이지마다 고스란히 남아 있으면 좋겠다. 앞으로 당신이 중요한 발표를 앞두고 있을 때 가장 먼저 생각났으면 좋겠고, 잠시라도 이 책의 어느 페이지를 열어 훈련을 하고 자신감을 얻는다면 나의 소임을 다한 것이리라.

나의 첫 책《목소리, 누구나 바꿀 수 있다!》는 6년 전에 출간됐음에도 여전히 독자들이 메일을 보내오곤 한다. 책을 보고 혼자 연습했는데 정말로 목소리가 멋지게 변했고, 더불어 인생에 좋은 기회가 찾아왔다며 감사의 말을 전한다. 저자로서 가장 행복한 순간이 아닐 수 없다.

목소리든 스피치든 기본만 제대로 알면 혼자서도 충분히 훈련이 가능하다.

목소리의 힘도 물론 크지만, 목소리를 포함한 총체적인 말의 힘은 더욱 크다. 강력한 말의 힘이 당신 인생에 어떤 엄청난 변화를 가져올지 아무도 예측할 수 없다. 그리고 그 변화는 이미 시작되었다. 당신이 첫 장을 소리 내어 읽던 그 순간부터!

집필 기간 동안 힘들기는 했으나, 어느 때보다 행복했다. 완벽한 몰입의 경험이 그 무엇보다 즐거웠고, 지난 10년 동안 강의한 내용을 끄집어내 차곡차곡 정리할 수 있어 무척 의미 있는 시간이었다. 다 꺼내놓았으니 또 채울 공간이 생겼다. 열심히 연구해서 새롭고 가치 있는 내용으로 다음 책을 준비하고 싶다. 경영과 강의를 함께하느라 그간 다소 소홀했던 공부에 뜨거운 욕심이 생긴 것 역시 책을 쓰면서 얻은 값진 성과다.

마지막으로 집필 작업에 아낌없는 아이디어와 예제로 큰 도움을 준 우리 W스피치커뮤니케이션의 유능한 강사진과 운영팀에게 진심으로 감사와 사랑의 마음을 전한다. 사람을 변화시키는 교육에 대한 강한 사명감을 가진, 예쁘고 따뜻한 이들과 함께여서 진정 행복하다. 우리 강사들과 이 책을 교재삼아 탄탄한 실전 스피치교육 프로그램을 실현시켜볼 생각이다. 얼마나 많은 이들의 기쁨의 함박웃음을 만나게 될지 내 마음은 벌써 봄 처녀마냥 설렌다.

당신 인생에 작은 의미가 되는 책으로

당신의 변화를 응원하며, 당신과 함께 웃고 싶다.

W스피치커뮤니케이션 교육 프로그램

W SPEECH COMMUNICATION

▶ 보이스 트레이닝

내용 호흡, 발성, 발음, 어투 등 목소리에 대한 모든 것을 집중 훈련하는 과정

대상 맑고 힘 있는 목소리, 정확한 발음, 안정된 목소리 톤을 갖고 싶은 분

기간 주 1회, 8주 과정

▶ 표준어 집중 연습

내용 지방 특유의 거센 억양을 부드럽고 세련된 어투로 바꾸는 과정

대상 지방색이 드러나는 사투리 억양과 발음을 교정하고 싶은 분

기간 주 2회, 8주 과정

▶ 대화 집중 연습

내용 끌리는 사람의 색다른 대화법을 익히는 실전 대화 연습 과정

대상 각 상황과 주제에 맞는 매력적인 대화스킬을 향상하고 싶은 분

기간 주 1회, 8주 과정

▶ 스피치 기초

내용	발표불안 극복과 스피치 기초능력 다지기를 목표로 하는 과정
대상	긴장감이 심해 퍼블릭 스피치가 어렵고, 소극적인 성격을 극복하고 싶은 분
기간	주 1회, 8주 과정

▶ 스피치 발전

내용	자신감 향상과 확실한 자기 표현력을 목표로 하는 스피치 과정
대상	논리적이고 설득력 있는 스피치를 구사하고 싶은 분
기간	주 1회, 8주 과정

▶ 스피치 완성

내용	스피치 발전 과정에서 한 단계 업그레이드 된 전문 스피치 과정
대상	완성도 있는 스피치로 자신의 역량을 강화하고 싶은 분
기간	주 1회, 8주 과정

▶ 비즈니스 스피치

내용	성공하는 비즈니스맨의 실무 커뮤니케이션 스킬 업 과정
대상	비즈니스 미팅과 회의, PT에서 효과적인 스피치를 하고 싶은 분
기간	주 1회, 8주 과정

▶ **프레젠테이션**

내용 핵심적인 PT 스킬을 익히고 리허설을 반복하는 실전훈련 과정

대상 전문적인 프레젠테이션 실전 능력을 계발하고 싶은 분

기간 주 1회, 4주 과정

▶ **면접스피치**

내용 자신을 어필하는 기법을 습득하는 면접대비 집중훈련 과정

대상 기업체, 공기업, 공무원 등 면접을 앞두고 있는 취업준비생

기간 1회 90분 (1:1 개인레슨)

▶ **개인코칭**

내용 좀 더 빠르고 확실한 실력상승을 위한 1:1 개인지도 과정

대상 바쁜 일정 등으로 짧은 기간에 목적을 이루고자 하는 분

기간 1회 90분 (1:1 개인레슨)

제목 **우지은의 스피치 시크릿 21(개정판)**
부제 낭독으로 연습하는 말하기 책
초판 1쇄 발행 2015년 7월 4일
개정판 1쇄 발행 2024년 7월 30일

지은이 우지은
녹음 우지은 · 정찬우
펴낸곳 퍼플카우
펴낸이 김철원

리마커블한 책을 펴내는 퍼플카우는 ㈜퍼플카우콘텐츠그룹의 경제경영 · 실용 · 비소설 단행본 출판 브랜드입니다.

기획 · 편집 김이슬
마케팅 · 홍보 이운섭
표지 · 본문 디자인 박영정

로고디자인 design co*kkiri

출판신고 2008년 03월 04일 제2008-000021호
주소 서울특별시 마포구 양화로1길 29, 2층 (우)04026
대표전화 · 팩시밀리 070-8668-8800 (F)02-323-8803
이메일 purplecowow@gmail.com
커뮤니티 cafe.naver.com/purplecowow
SNS 트위터 purplecowow
페이스북 facebook.com/purplecowow

ISBN 979-11-93010-92-1 (13700)

책값은 뒤표지에 있습니다. 잘못된 책은 구입한 곳에서 바꾸어 드립니다.

Dare To Be Remarkab!e 곧 죽어도 리마커블하게!